Ulrich Eberl

W0062294

33 Fragen – 33 Antworten

KÜNSTLICHE INTELLIGENZ

PIPER

Mehr über unsere Autoren und Bücher:
www.piper.de

Von der Reihe 33 Fragen – 33 Antworten liegen im Piper Verlag vor:
Chinas neue Macht
Klimawandel
Künstliche Intelligenz
Nahostkonflikt

MIX
Papier aus verantwor-
tungsvollen Quellen
FSC® C083411
www.fsc.org

Originalausgabe
ISBN 978-3-492-31578-4
April 2020
© Piper Verlag GmbH, München 2020
Vermittelt durch die U. M. G. Literaturagentur, München
Umschlaggestaltung: Büro Jorge Schmidt, München
Satz: Uhl & Massopust, Aalen
Gesetzt aus der Quadraat
Druck und Bindung: CPI Books GmbH, Leck
Printed in the EU

Inhalt

Einleitung

Was ist das intelligenteste Wesen auf Erden? Wer antwortet: »Der Mensch natürlich«, sollte noch einmal nachdenken. Ist es ein Zeichen von Intelligenz, Kriege zu führen, Rohstoffe zu verbrennen, die Atmosphäre aufzuheizen, den Regenwald abzuholzen, Tierarten auszurotten und die Ozeane in Müllkippen zu verwandeln?

Wir werden Hilfe brauchen. Wenn schon nicht von natürlicher, dann von Künstlicher Intelligenz (KI). Maschinen lernen derzeit rasend schnell, Dialoge zu führen, Bildinhalte zu erkennen, Texte zu lesen und zu übersetzen, mit Objekten aller Art umzugehen und immense Datenmengen zu analysieren. Diese smarten Assistenten können uns vielfach unterstützen. Sie können Energienetze und Fabriken nachhaltiger und flexibler machen, Verkehrssysteme sicherer und umweltfreundlicher, Gesundheitssysteme effizienter, Häuser komfortabler und Städte lebenswerter.

Doch noch wissen viele Menschen nur wenig über diese Revolution: worauf KI basiert, inwiefern sie unserem Gehirn ähnelt (und wo nicht) und wie wir sie sicher und zuverlässig machen können. Auf all solche Fragen gibt dieses Buch Antworten – basierend auf Recherchen des Autors in Labors und Unternehmen in den USA, Asien und Europa. Die Ära der smarten Maschinen hat gerade erst begonnen. Wir sollten klug genug sein, sie zu nutzen, um unsere Zukunft sinnvoll zu gestalten!

1.

Bei Künstlicher Intelligenz (KI) geht es darum, »Maschinen dazu zu bringen, Dinge zu tun, die – würden sie von Menschen vollbracht – Intelligenz erfordern würden«. So hat es vor über 50 Jahren einer der Pioniere auf diesem Feld, Marvin Minsky, formuliert, und bis heute gibt es keine treffendere Definition. Denn letztlich führt uns dies auf die Frage zurück, was Intelligenz an sich ist. Im Allgemeinen gilt sie als die Fähigkeit, Probleme zu lösen und mit neuen Anforderungen zurechtzukommen. In diesem Sinne sind auch Tiere bis zu einem gewissen Grad intelligent: etwa Schimpansen, die Steine als Hammer und Amboss nutzen, um Nüsse zu knacken, oder Kraken, die Gläser mit Schraubverschluss öffnen, oder Delfine, die im Team neue Jagdtechniken entwickeln.

Allerdings würde die Messung eines Intelligenzquotienten bei Tieren grandios scheitern. Denn IQ-Tests konzentrieren sich auf die Vervollständigung von Zahlenreihen, räumliches Vorstellungsvermögen, Bilderrätsel, Textaufgaben, Sprachverständnis und logisches Denken. Was bei Tieren nicht funktioniert, das klappt nun aber bei Maschinen immer besser: Sie lernen Objekte erkennen, Sprache verstehen und Texte lesen. Sie können Wissen verarbeiten und Schlussfolgerungen ziehen. Sie gewinnen beim Spiel der Könige, beim Schach, und beim Brettspiel Go gegen menschliche Weltmeister, sie bluffen beim Pokern, spüren Krebszellen auf und optimieren die Routen von Lieferfahrzeugen in Echtzeit – bald könnten smarte Maschinen in IQ-Tests besser abschneiden als Menschen.

Doch macht dies Maschinen klüger als uns? Keineswegs, denn Intelligenz ist nicht nur das, was der IQ misst. Zum Lösen vieler realer Probleme braucht man mehr als kognitive Fähigkeiten: neben der räumlichen, sprachlichen, mathematischen und logischen Intelligenz zum Beispiel auch die emotionale und soziale Intelligenz, wenn man mit anderen Individuen kooperieren muss. Nicht zu vergessen die sensomotorische Intelligenz koordinierter Bewegungen. Denn genau genommen, sagen Experten, sei es schwieriger, beim Schachspiel die Figuren zu greifen und zu setzen, als das Spiel zu gewinnen. Und in der Tat: Der menschliche Schachweltmeister wurde schon 1997 von einem Computer entthront. Wissenschaftlern ist es aber erst unlängst – nach vielen Jahren der Forschung – gelungen, Robotern beizubringen, wie man eine Tür mit einem Schlüssel öffnet. Wir halten Schach und Go für intellektuell herausfordernd, weil man dafür Abstraktionsvermögen und strategisches Denken braucht, doch für Maschinen ist das eher eine leichte Übung.

Der alte Spruch »Computern und Robotern fällt leicht, was Menschen schwerfällt – und umgekehrt« galt jahrzehntelang als unumstößliche Wahrheit. Computer können blitzschnell große Zahlen multiplizieren, und Maschinen können tonnenschwere Lasten heben, aber Türen öffnen und Bälle fangen, sicher laufen und Hindernissen ausweichen, das ist für sie extrem schwierig. Für gesunde Menschen ist all das kein Problem, aber auch wir haben lange gebraucht, um solche Fähigkeiten zu erwerben – wir nehmen sie nur als selbstverständlich wahr, weil vieles unbewusst abläuft. Babys lernen zunächst krabbeln, laufen und greifen, erst nach Jahren kommen Sprechvermögen, Vorstellungskraft und die Fähigkeit, Handlungen zu planen, hinzu. Eine Tür gezielt mit einem Schlüssel zu öffnen – das schaffen Kinder erst im Alter von etwa vier Jahren.

Um eine solche Leistung richtig bewerten zu können, muss man sich nur anschauen, wie viele Nervenzellen mit der Feinabstimmung der Motorik beim Gehen, Sprechen und Greifen beschäftigt sind. Im Kleinhirn, wo dies stattfindet, befinden sich dicht gepackt mehr als zwei Drittel aller Nervenzellen eines erwachsenen Menschen – deutlich mehr als in der Großhirnrinde, die für die bewussten Denkvorgänge zuständig ist. Wenn ein Roboter nach einer Teetasse greifen soll, dann wird schnell klar, wie viel sensomotorische Intelligenz dafür nötig ist: die Koordination von Auge und Hand, das Feedback der Tastsensoren, das sofortige Nachsteuern, um die Tasse nicht kippen zu lassen, und vieles mehr.

Neben Sehen, Sprechen, Lesen und der Verarbeitung großer Datenmengen sollten leistungsfähige KI-Maschinen also auch sensomotorische Intelligenz besitzen. Auf all diesen Gebieten haben Forscher in den letzten Jahren erhebliche Fortschritte erzielt – weit mehr als in den Jahrzehnten zuvor. Wir befinden uns daher tatsächlich am Beginn des Zeitalters der smarten Maschinen. Bereits heute verwenden wir viele KI-Verfahren ganz selbstverständlich, etwa im Smartphone: Entsperren per Gesichtserkennung, Sprachassistenten wie Siri, Alexa & Co., automatische Textkorrekturen, Bildersuche im Internet, der News Feed in sozialen Medien, personalisierte Werbung, Übersetzungsprogramme, Gesundheits-Apps – all das funktioniert mit KI. Auf den Straßen fahren erste vollautomatische Fahrzeuge, in Fabriken arbeiten Roboter Hand in Hand mit Menschen, in Kliniken und Banken beraten Computer Ärzte und Finanzfachleute, und täglich kommen neue Anwendungen hinzu.

Dennoch: Dies sind erst Maschinen mit einer sogenannten schwachen Intelligenz. Sie sind sehr gut auf speziellen Feldern, aber ohne Allgemeinintelligenz. Sie sind lernfähig und werden immer besser darin, konkrete Anwendungsprobleme zu lösen. Von einer starken KI, die der unseres Gehirns gleicht oder es sogar übertrifft – und die vielleicht ein eigenes Bewusstsein entwickeln könnte –, sind heutige Maschinen allerdings noch weit entfernt.

Denn dafür müssten sie in der Lage sein, aus ihren Sensorsignalen Modelle von ihrer Umgebung und sich selbst zu erstellen, sie müssten neugierig sein, ihre Umwelt erforschen, Wünsche verspüren, Gefühle empfinden, sich selbst Ziele setzen, mit anderen in Beziehung treten, kommunizieren – kurz: zu einer eigenständigen, moralisch verantwortlichen Persönlichkeit werden.

Nichts deutet darauf hin, dass dies Maschinen in absehbarer Zeit gelingen könnte. Doch das ist auch gar nicht nötig. Schon die Fortschritte der Künstlichen Intelligenz, die sich heute abzeichnen, sind so vielfältig und umfassend, dass sie unsere Welt radikal verändern werden – in allen Bereichen unseres Lebens.

Warum fasziniert uns Künstliche Intelligenz so sehr?

Seit vielen Jahrhunderten träumen Menschen davon, Wesen zu erschaffen, die uns mindestens ebenbürtig sind. Das reicht vom Golem der jüdischen Mystik über den Homunkulus der Alchemisten im Mittelalter bis zu Frankensteins Monster – und all den Kinofiguren der Neuzeit: der Maschinen-Maria im Film *Metropolis* von 1927, dem rot glühenden Computerauge von HAL 9000 in *2001: Odyssee im Weltraum* (1968), den Replikanten in *Blade Runner* (1982), dem *Terminator* (1984) oder der Androidin Ava in *Ex Machina* (2015).

Die ganze westliche Kulturgeschichte ist – abgesehen von lustigen Gefährten wie den *Star-Wars*-Robotern C-3PO und R2-D2 – durchzogen vom Kampf Mensch gegen Maschine. Nicht selten übernehmen dabei Maschinen die Weltherrschaft. Das war schon so im Drama von 1920, in dem erstmals der Begriff »Roboter« – im Sinne von Zwangsarbeiter – eingeführt wurde. In diesem Theaterstück von Karel Čapek stellt das Unternehmen R.U.R., Rossum's Universal Robots, künstliche Menschen her, die als billige Arbeitskräfte in Fabriken schuften. Doch schon bald lehnen sie sich gegen die Unterdrückung auf und vernichten die Menschheit. Diese düstere Perspektive blieb das Motto vieler dystopischer Zukunftsvisionen – bis zu den heutigen Warnrufen vor einer Superintelligenz, die möglicherweise unsere letzte Erfindung gewesen sein könnte. Die Faszination, Wesen mit Künstlicher Intelligenz zu entwickeln, verbindet sich in diesen Narrativen perfekt mit dem Grusel vor der Apokalypse.

Ganz anders im östlichen Kulturkreis. Hier geht es um Harmonie zwischen Mensch und Maschine und um Sonzai-kan. Das ist der japanische Ausdruck für die Präsenz einer Seele in einer Person oder einem Objekt. Was für westliche Ohren seltsam klingt, ist für Japaner selbstverständlich. Im Schintoismus hat auch die unbelebte Natur eine geistige Wesenheit. Wenn aber schon Steine und Maskottchen eine Art Seele in sich tragen können, dann umso mehr die menschenähnlichen Maschinen.

Dabei sehen Asiaten smarte Maschinen nicht als Bedrohung, sondern als Freund und Helfer – etwa für die älter werdende Bevölkerung –, und sie haben keine Scheu, sich häusliche Gemeinschaften von Menschen und Maschinen vorzustellen. Roboter findet hier niemand unheimlich, im Gegenteil: Man könne sie lieben wie Haustiere, lernen bereits die Kinder. Insbesondere für Japaner hat diese Beziehung eine lange Tradition: Schon vor 300 Jahren bauten geschickte Handwerker die Karakuri, mechanische Puppen, die etwa Tee servierten oder Tänze aufführten. Und bis heute kämpfen in japanischen Mangas und Animes Androiden wie Astro Boy und Battle Angel Alita für die Menschen – gegen das Böse.

Warum gibt es gerade jetzt einen solchen KI-Boom?

Künstliche Intelligenz wurde zum ersten Mal 1956 zum Schlagwort, als Forscher um John McCarthy, Marvin Minsky und Claude Shannon ein mehrwöchiges Seminar am Dartmouth College in New Hampshire so betitelten. Ihr Thema waren Computer, die mehr können sollten, als mit Zahlen rechnen: etwa sprechen, lesen, übersetzen oder Spiele spielen. Die größte Sensation war ein Computer, der seinen Programmierer Arthur Samuel im Brettspiel Dame schlug. Der Rechner hatte so lange gegen sich selbst gespielt und seine Strategien verbessert, bis Samuel keine Chance mehr gegen ihn hatte.

Ab diesem Zeitpunkt war der Begriff »maschinelles Lernen« als Teil der KI in aller Munde, und man traute Maschinen alles zu. Doch die Rückschläge kamen schnell. Jahrzehntelang blieben die Erfolge weit hinter den Erwartungen zurück, vor allem bei Einsatzfeldern, die nicht mit mathematischen Modellen zu berechnen waren. Immerhin entstanden in den 1980er-Jahren an der Universität der Bundeswehr in München die ersten selbsttätig fahrenden Autos, die über die Abfolge von Kamerabildern gesteuert wurden. 1997 besiegte der IBM-Rechner Deep Blue unter Turnierbedingungen den Schachweltmeister Garri Kasparow, und erste lernfähige Programme optimierten die Steuerung von Walzwerken und Papierfabriken. Im Jahr 2000 präsentierte Honda nach 15-jähriger Entwicklungszeit seinen ASIMO, der wie ein fröhliches Kind im Astronautenanzug herumsprang, hüpfte und gestikulierte – die 1,30 Meter große Maschine war der erste humanoide Roboter.

Dies waren schon die wesentlichen Meilensteine bis zum 21. Jahrhundert. Doch mit dem ersten iPhone im Jahr 2007, als Smartphones mit Internetzugang und zahllosen Apps die Märkte eroberten, und insbesondere, als 2011 der IBM-Computer Watson die Weltmeister im Quiz *Jeopardy* besiegte, explodierte das Feld der KI geradezu. Seitdem gab es mehr Fortschritte als in den 60 Jahren zuvor. Was waren die Gründe dafür?

Es sind drei Trends, die sich gegenseitig verstärken: erstens die Leistungssteigerung der Hardware. Jedes Smartphone kann heute so schnell rechnen wie ein Supercomputer Mitte der 1990er-Jahre. Zweitens die bessere Software: Die neuronalen Netze des maschinellen Lernens sind millionenfach mächtiger als vor 25 Jahren. Und drittens das Internet, das mit der Entwicklung des World Wide Web und der ersten Web-Browser Anfang der 1990er-Jahre weltweit zugänglich wurde. Im Internet gibt es heute viele Milliarden von Texten, Bildern, Videos und Audiodateien, mit denen man KI-Systeme perfekt trainieren kann.

Um es noch deutlicher zu machen: Vor 25 Jahren konnte der stärkste Supercomputer der Welt etwa 100 Milliarden Rechenoperationen pro Sekunde durchführen. Er kostete über zehn Millionen Dollar und verbrauchte den Strom einer Kleinstadt. Heute kann man für weniger als 1000 Dollar in einem Smartphone ebenso viele Daten speichern und ebenso schnell rechnen wie damals dieses raumfüllende Ungetüm. Denn die Zahl der Bauelemente auf einem Mikrochip – wie die damit verbundene Rechenleistung – ist seit 1994 um das 10 000-Fache gestiegen. Zugleich sanken die Kosten und der Energiebedarf bei gleicher Leistung um einen Faktor 10 000 bis 100 000. Heute beherbergen die daumennagelgroßen Mikrochips Milliarden von Recheneinheiten, deren kleinste Abmessungen nur noch wenige Millionstel Millimeter (Nanometer) betragen.

Ähnlich wichtig ist die Miniaturisierung der Sensoren. Jedes Smartphone verfügt über eine Vielzahl von ihnen: hochauflösende Kameras, Rotations- und Beschleunigungssensoren, Messgeräte für Magnetfelder und Umgebungslicht, Satellitenortung, Fingerabdrucksensoren – von Mikrofon, Lautsprecher, Touchscreen und Farbdisplay ganz zu schweigen. Für all diese Bauteile gilt: Je höher die Stückzahlen, desto tiefer sinken die Preise. Heute gibt es fast vier Milliarden Smartphone-Nutzer weltweit.

Mit der Hardware kann auch die KI-Software zu neuen Höhenflügen ansetzen. Eine ideale Arbeitsplattform für das maschinelle Lernen sind beispielsweise die Grafikkarten, die eigentlich für Computerspiele entwickelt wurden. Die aktuell besten von ihnen schaffen auf Mikrochips von nicht einmal drei Zentimeter Kantenlänge rund 110 Billionen Rechenoperationen pro Sekunde – das ist noch tausendmal mehr als die Mikroprozessoren in Smartphones. Damit lassen sich pro Sekunde rund 3500 Fotos auf Inhalte analysieren und 500 Sätze in andere Sprachen übertragen.

Fürs Training braucht eine KI viele Beispiele in Form von Filmen, Fotos, Text- und Audiodateien. Die Datenexplosion im Internet ist hierfür der beste Nährboden. Derzeit werden alle zwei Stunden von Menschen und Maschinen so viele Daten produziert, wie in sämtlichen Büchern der Welt enthalten sind. Jeden Tag werden auf Internetplattformen etwa 50 Millionen neue Videos hochgeladen, eine Milliarde Fotos und Hunderte von Milliarden Wortäußerungen. Dadurch lernen smarte Maschinen immer besser sehen, lesen und sprechen. Mit jeder Suchanfrage, mit jeder Spracheingabe, mit jedem Übersetzungswunsch lernen sie hinzu – und das ist erst der Anfang. Der derzeitige Boom der Künstlichen Intelligenz ist kein Hype, der schnell wieder vorbeigeht, es ist der Beginn eines neuen Zeitalters.

Vor 250 Jahren meldete James Watt ein Patent an: Seine Dampfmaschine verbrauchte 60 Prozent weniger Steinkohle als ineffizientere Vorgängermodelle. Damit begann die industrielle Revolution. Mehr und mehr übernahmen Maschinen körperlich anstrengende Arbeiten. Die Dampfmaschine revolutionierte nicht nur den Bergbau, die Schifffahrt und die Eisenbahnen, sondern auch die Walzstraßen und die Textilindustrie.

Knapp 100 Jahre später erkannte Werner von Siemens die Bedeutung des dynamoelektrischen Prinzips für die Umwandlung von mechanischer in elektrische Energie. Mithilfe von Generatoren konnte nun Strom in großen Mengen erzeugt werden – es entstanden die ersten Kraftwerke. Die Städte erstrahlten in elektrischem Licht, und Geräte mit Elektromotoren zogen in Haushalte und Fabriken ein. 1886 ließ zudem Carl Benz das erste Automobil mit Verbrennungsmotor patentieren, das ab 1913, als Henry Ford die Fließbandfertigung einführte, schlagartig zum erschwinglichen Massenprodukt wurde.

Doch noch immer war der Begriff »Maschine« gleichbedeutend mit Kraft-Maschine, also einem Hilfsmittel, das Muskelkraft ersetzte. Das änderte sich erst in den 1940er-Jahren, als Rechen-Maschinen entstanden, um digital codierte Zahlen – also solche in Form von Nullen und Einsen – zu addieren, zu multiplizieren oder andere Berechnungen vorzunehmen. Mit der Entwicklung der Halbleitertechnik in Form von Transistoren als elektronischen Schaltern und Verstärkern und mit dem ersten serienmäßigen Mikroprozessor, dem Intel 4004, startete im Jahr 1971 die Ära der Informations- und Kommunikationstechnik.

Seitdem verdoppelt sich die Zahl der Transistoren auf den Mikrochips alle 18 bis 24 Monate – und treibt die Rechenleistung und die Speicherfähigkeit der Chips voran. So besaß der Intel 4004 insgesamt 2 300 Transistoren. Etwa 20 Jahre später hatte der Intel 80486 schon 1,2 Millionen Transistoren, und wieder 20 Jahre später verfügte der Power7-Prozessor von IBM über 1,2 Milliarden Transistoren. Das ist eine Zunahme um das 1000-Fache binnen 20 Jahren – ohne dass die Mikrochips wesentlich teurer geworden wären.

Diese enorme Leistungssteigerung ist der wesentliche Treiber für die digitale Revolution, aus der Computer, Mobiltelefone, die Fabrikautomatisierung und das Internet hervorgingen. Doch auch diese Maschinen taten vor allem eines: den Menschen langweilige, lästige und schwierige Arbeiten abnehmen. Die Internetsuche ersetzte das mühsame Blättern in Lexika. Der Computer war zunächst eine Schreib- und Rechenmaschine, das Handy ein Kommunikationsgerät, das man überallhin mitnehmen konnte, und die Automatisierung machte die Fertigung effizienter.

Bei keiner dieser Revolutionen war allerdings der Kern des Menschseins in Gefahr: unsere Intelligenz. Während Maschinen Berge durchbohrten und uns ins Weltall brachten, Bücher druckten und Unmengen an Zahlen verarbeiteten, waren Lesen und Lernen, Malen und Musizieren, Denken und Debattieren den Menschen vorbehalten. Intelligenz war die Domäne des Menschen, nicht der Maschine. Genau dies ändert sich gerade: Mit den Methoden der Künstlichen Intelligenz lernen die Maschinen mit rasender Geschwindigkeit, uns auf all diesen Gebieten Konkurrenz zu machen.

Vielleicht müssen wir schon bald den berühmten »drei Kränkungen der Menschheit«, wie sie Sigmund Freud vor über 100 Jahren betitelte, eine vierte hinzufügen. Die erste war die Entdeckung des Kopernikus, dass die Erde nicht der Mittelpunkt des Weltalls ist. Die zweite die Evolutionstheorie von Darwin, nach der der Mensch nicht von Gott geschaffen wurde, sondern sich aus dem Tierreich entwickelte. Die dritte Freuds eigene Erkenntnis, dass das »Ich nicht Herr im eigenen Hause ist«, weil sich im Gehirn vieles im Unbewussten abspielt. Und die vierte – ultimative – Kränkung könnte uns bevorstehen, falls wir im Vergleich mit künftigen smarten Maschinen erkennen müssten, dass der Mensch nicht das klügste aller Wesen ist. Spätestens dann wäre Künstliche Intelligenz wirklich die größte technische Revolution der Menschheitsgeschichte.

Funktioniert Künstliche Intelligenz wie unser Gehirn?

Als Wissenschaftler in den 1950er-Jahren begannen, über Maschinen mit Künstlicher Intelligenz nachzudenken, setzten sie zunächst auf klare Regeln. Denn neben dem »Number Crunching« – dem Rechnen mit vielen und großen Zahlen – war die mathematische Logik die Domäne der Computer. Informatiker konnten mit Rechnern Probleme lösen, für die man vorher hochintelligente Spezialisten brauchte: So gelang es ihnen, eine Software zu schreiben, die logische Theoreme mathematisch beweisen konnte. In der Folge entstanden Expertensysteme, etwa zur Gesundheitsberatung, mit komplexen Wenn-dann-Regeln. Zum Beispiel: »Wenn die Nase läuft und der Patient Halsweh hat und hustet, aber nur geringes Fieber hat, dann ist die Wahrscheinlichkeit größer, dass es sich um eine simple Erkältung handelt, als dass es eine gefährliche Virusgrippe ist.«

Expertensysteme sind auch heute noch für KI wichtig – vor allem wenn es um klar strukturierte Informationen geht, etwa bei der Erstellung sogenannter Wissensgraphen und semantischer Suchmaschinen. So enthält der Wissensgraph von Google etwa 100 Milliarden verknüpfte Fakten aus Quellen wie Wikipedia, Google Maps oder dem CIA World Factbook. Auf die Frage »Wann starb Abraham Lincoln?« liefert Google nicht nur mit dem 15. April 1865 das richtige Datum und viele Links, sondern in einem Infokasten weitere Fakten wie Lincolns Geburtstag, Kinder oder Bücher über ihn – geordnet danach, was am häufigsten gesucht wird. Früher hätte eine

Suchmaschine, die sich nur an Stichworten orientiert, bei der Frage »Wodurch starb Lincoln?« wohl einfach dieselben Links angeboten. Heute antwortet Google hierauf schlicht: »Mordanschlag« und bringt den entsprechenden Wikipedia-Eintrag.

Doch in vielen Fällen sind Expertensysteme gar nicht anwendbar. Insbesondere bei all den Dingen, die Menschen problemlos können: etwa dem Lesen von Handschriften, dem Verstehen von Sprache oder dem Interpretieren von Bildern. Wenn man einem Computer beibringen will, einen Baum zu erkennen, genügt es nicht, ihm zu beschreiben, wie ein Stamm oder Äste aussehen. Denn auch ein Strommast hat so etwas wie einen Stamm und Äste – und im Winter verlieren viele Bäume ihr Laub, sodass sich auch Blätter nicht als Unterscheidungsmerkmal eignen.

Für diese sogenannte Mustererkennung braucht man das Konzept der künstlichen neuronalen Netze, das Mitte der 1980er-Jahre seinen Aufschwung nahm. Neuronale Netze lernen nicht nach Regeln, sondern durch Beispiele: Trainiert man sie mit vielen Bildern von Bäumen, sind sie in der Lage, auch unbekannte Bäume als solche einzuordnen. Gleiches gilt für die Entzifferung von Handschriften, das Erkennen von Gesichtern, von gesprochenen Wörtern oder von Mozarts Melodien. Heute arbeiten smarte Lautsprecher wie Alexa ebenso mit neuronalen Netzen wie die Übersetzungsprogramme Google Translate oder DeepL oder die Software, die gefährliche Knötchen in der Lunge findet.

Doch wie funktionieren neuronale Netze? Plakativ kann man sagen, dass sie sich grob an den Nervenzellen, den Neuronen, eines Gehirns orientieren: In den Netzen sind mehrere Schichten künstlicher Neuronen verknüpft, um Informationen zu verarbeiten. Wird ein Neuron aktiviert, reicht es das Signal ähnlich wie im Gehirn an alle nachfolgenden Neuronen weiter, mit denen es verbunden ist. Dabei kann das Gewicht jeder

Verbindung stärker oder schwächer eingestellt werden – was einem Lernvorgang entspricht. Wie im Gehirn gilt das Konzept der Schwellenwerte: Neuronen feuern, wenn die Summe der Signale, die bei ihm ankommen, einen definierten Wert überschreitet, darunter bleiben sie stumm.

Pauken wir beim Vokabellernen, dass »die Katze« auf Französisch »le chat« heißt, dann wird diese Verbindung im Gehirn eingefahren wie eine Straße. Wenn man dann »Katze« hört oder eine sieht, feuern mit den akustischen oder visuellen Neuronen, die mit dem Ton oder dem Bild der Katze verbunden sind, auch die sprachlichen Nervenzellen des deutschen und französischen Begriffs. Genau dieses assoziative Lernen passiert auch bei künstlichen neuronalen Netzen.

Mathematisch gesehen, ist das Lernen der Computer ein Optimierungsvorgang. Beim sogenannten überwachten Lernen (supervised learning) erfolgt das Training durch Rückkopplung: Werden der ersten Schicht künstlicher Neuronen Bilder von Katzen vorgelegt, dann sollte der Output der letzten Schicht, also das, was das Netzwerk erkannt hat, »Katze« lauten. Ist dies nicht der Fall – wurde etwa fälschlich ein Hund gesehen –, dann werden die Gewichte der neuronalen Verbindungen Schicht für Schicht mathematisch so modifiziert, dass das Ergebnis beim nächsten Versuch besser zum gewünschten Resultat passt.

Grundsätzlich erkennen die hintereinanderliegenden Schichten der neuronalen Netze jeweils unterschiedliche Strukturen. Je weiter oben man sich in der Abfolge befindet, desto spezieller werden die Merkmale. So verarbeitet die unterste Ebene ein Bild Pixel für Pixel, die nächste erkennt die Konturen. Obere Ebenen suchen nach größeren zusammenhängenden Komponenten wie Augen, Nasen, Pfoten, Fell und Ohren. Und die letzte Schicht fügt all dies zur vollständigen Interpretation einer »Katze« zusammen.

Für bestimmte Anwendungen haben Forscher spezielle Netze entwickelt, etwa faltende Netze (convolutional neural networks) für die automatisierte Bilderkennung. Hier reagieren Neuronen nur auf Signale aus der direkten Umgebung von Neuronen der jeweils vorausgehenden Schicht. In der Mathematik entspricht das einer »Faltungsoperation«. Der Effekt: Es werden damit besonders gut Kanten oder Biegungen erkannt. Auch dies entspricht einem biologischen Vorbild: Die Stäbchen der Netzhaut im Auge nehmen nur Pixel, also einzelne Bildpunkte, wahr – während die nachfolgende Schicht von Nervenzellen empfindlich für Kanten, Konturen und Bewegungsrichtungen ist.

Auch für das Erkennen von Signalfolgen gibt es Spezialisten: die LSTM-Netze, wobei LSTM für »Long short-term memory« (langes Kurzzeitgedächtnis) steht. Um zeitliche Veränderungen aufzuspüren, wurde den Neuronen nicht nur ein Ein- und Ausgangstor für Signale verpasst, sondern auch eine Rückkopplungsschleife, ein »Merk-und-Vergess-Tor«, das Erinnerungen an frühere Signale speichern kann. Das ist für viele Anwendungen wichtig, insbesondere bei der Verarbeitung von Ton-, Bild- oder Textdaten. Und so steckt LSTM hinter etlichen KI-Erfolgen: etwa in der Spracherkennung, der Textvorhersage oder in Übersetzungsprogrammen.

Während beim überwachten Lernen letztlich ein menschlicher Lehrer dem Netz sagt, was eine Katze, ein Baum oder ein Haus ist, finden die Maschinen beim unüberwachten Lernen (unsupervised learning) selbsttätig ähnliche Objekte – das können Gesichter sein, Autos oder Hausnummern, ja, sogar Kantaten von Bach oder begriffliche Zusammenhänge: etwa dass sich Tokio zu Japan verhält wie Berlin zu Deutschland. Hier erstellen die Netze eigenständig Klassifikatoren, nach denen sie Daten in »Schubladen« sortieren, die dann automatisch immer besser angepasst werden.

Gibt man so einem Netz etwa Millionen Bilder von Autoteilen, wird es sie in Cluster ähnlicher Muster sortieren: Reifen, Türen, Fenster, Sitze, Nummernschilder. Nach diesem Prinzip kann ein Netz auch selbstständig Katzen in Videos finden, weil es ihre Ähnlichkeit erkennt. Nur empfiehlt es sich auch beim unüberwachten Lernen, aufzupassen und notfalls einzugreifen, um Fehler zu korrigieren: Beispielsweise kam es schon vor, dass eine Foto-App dunkelhäutige Menschen in die Schublade »Gorilla« einsortierte.

Für manche Aufgabenstellungen eignet sich auch die Methode des bestärkenden Lernens (reinforcement learning). Hier belohnt man Maschinen wie Kinder in der Schule. Wenn sie etwas richtig gelöst haben, bekommen sie einen Punkt. Sie müssen also eigenständig Strategien entwickeln, um ihre Belohnungen zu maximieren. Auf diese Weise lernen Computer, wie man Menschen bei Brett- oder Videospielen schlägt, oder Roboter, wie man beim Mikado gewinnt und wie sich mit einem Schlüssel die Tür öffnen lässt.

Grundsätzlich eignen sich die Verfahren des maschinellen Lernens mit neuronalen Netzen hervorragend dazu, Merkmale in Bildern, Texten, Tönen und Sprache zu finden, Inhalte herauszufiltern, Anomalien zu entdecken sowie Handlungsstrategien zu optimieren. Doch die Ergebnisse ähneln oft einer Blackbox: Man kann nicht genau nachvollziehen, wie das Netz zu seinem Resultat gekommen ist. Und die Netze sind nicht in der Lage, die Daten zu interpretieren, ihnen eine Bedeutung zu geben. Um dies zu schaffen, muss es in Zukunft noch gelingen, die beiden großen Komponenten der KI, die neuronalen Netze und die Logik, also das maschinelle Lernen und das regelbasierte Schlussfolgern, zu kombinieren und mit Erinnerung und Wissensverarbeitung zusammenzubringen – ähnlich wie im menschlichen Gehirn diese Fähigkeiten zusammenspielen.

Einer der zur Zeit am häufigsten verwendeten Begriffe der Künstlichen Intelligenz ist Deep Learning – eine besonders leistungsfähige Variante des maschinellen Lernens mithilfe neuronaler Netze. In solchen Netzen sind mehrere Schichten künstlicher Neuronen gekoppelt, um Daten zu verarbeiten. Dabei können die Stärken ihrer Verbindungen variieren, was die Netze lernfähig macht (siehe Frage 5). Dieses Prinzip ist lange bekannt, doch seit etwa 2006 begannen Forscher immer mehr Schichten einzuführen und die Netze tiefer und tiefer zu stapeln – daher die Bezeichnung »Deep Learning«. Der Hauptunterschied gegenüber den Netzen der 1990er-Jahre ist ihre Mächtigkeit: Waren damals nur einige Tausend Neuronen in wenigen Schichten verbunden, so sind es bei den besten Systemen von heute Milliarden von Neuronen in Dutzenden von Schichten.

Damit lässt sich das Erkennen von Bildern, Texten und Sprache enorm verbessern. Ein gutes Beispiel ist das, was Wissenschaftlern im Rahmen des Google-Brain-Projekts im Jahr 2012 gelungen war: Sie präsentierten einem riesigen Netz von 16 000 Computerprozessoren mit insgesamt zwei Milliarden künstlicher Neuronen rund zehn Millionen zufällig ausgewählte Bilder aus YouTube-Filmen. Der Computerverbund entdeckte gemeinsame Muster in den Bildern, darunter das beliebteste Objekt vieler Videos. Als die Forscher herausdestillierten, was es war, sahen sie ein Bild, wie von Georges Seurat gemalt: Punkte und Linien in einem flirrenden Licht aus Grau,

Braun, Weiß, Grün und Blau, aber eindeutig mit Fell, Ohren, schmalen Augen, Nase und Schnurrbarthaaren – die Quintessenz einer Katze.

Die Maschine hatte also selbstständig gelernt, wie eine Katze aussieht, ohne dass die Forscher dem Computer erklären mussten, woran man die Eigenschaft »Katze« festmachen kann. Für dieses unüberwachte Lernen sind Deep-Learning-Netze ideal. Allerdings brauchen sie viele – oft Millionen – Lernbeispiele, um präzise Ergebnisse zu liefern. Deep-Learning-Systeme werden heute breit eingesetzt: Exzellente Resultate liefern sie beim Lesen von Hausnummern, dem Erkennen von Verkehrszeichen oder bei Sprachübersetzungen. Sie lernen, Emotionen aus Gesichtern zu lesen oder chinesische Handschriften zu entziffern. In der Medizin werden sie zum Aufspüren von Krebszellen ebenso verwendet wie beim Erkennen von Herzrhythmusstörungen. In der Industrie finden sie Fehler in Bauteilen oder prognostizieren den Ausfall von Turbinen, lange bevor ein Mensch ein Problem bemerkt hätte. Und in der Werkstoff- und Pharmaforschung nutzen Wissenschaftler Deep-Learning-Netze, um neue Materialien und Medikamente zu finden.

Auf welchen Feldern ist
Künstliche Intelligenz bereits
besser als jeder Mensch? ←

Der Tag, an dem Maschinen mit Künstlicher Intelligenz ein neues Kapitel im Wettstreit mit Menschen aufschlugen, lässt sich präzise festlegen: Es war der 16. Februar 2011, als ein dreitägiger Spielemarathon endete, der im US-Fernsehen live übertragen wurde. Ken Jennings und Brad Rutter, die besten *Jeopardy*-Spieler der Welt, verloren am Ende haushoch gegen einen Bildschirm mit einer stilisierten Erdkugel im Strahlenkranz, der zwischen ihnen thronte: das Symbol für das Computersystem Watson von IBM. Zum ersten Mal hatte ein Computer menschliche Weltmeister in einem komplexen Wissenswettbewerb besiegt. *Jeopardy* erfordert eine breite Bildung in Fächern wie Geschichte, Literatur, Politik und Kunst, und man kann nicht wie bei *Wer wird Millionär?* zwischen Antworten wählen. Stattdessen werden Hinweise gegeben, die oft voller Wortspiele und Rätsel sind oder Ironie, Reime und subtile Anspielungen enthalten.

Was Watson leistete, zeigt am besten eine typische Situation. So lautete ein Hinweis: »Im Mai 1898 feierte Portugal den 400. Jahrestag der Ankunft dieses Entdeckers in Indien«. In Sekundenschnelle wusste der Computer, dass es um Vasco da Gama ging. Zuerst hatte Watson erkannt, dass jemand gesucht war, der im Jahr 1498 etwas mit Portugal und Indien zu tun hatte. In seinen Quellen stieß er dann auf einen Eintrag, dass Vasco da Gama am 27. Mai 1498 am Kappad-Strand gelandet war – um dies mit dem Hinweis in Einklang zu bringen, musste der Computer dann noch herausfinden, dass »landen«

ein Synonym für »Ankunft« ist und dass der Kappad-Strand in Indien liegt.

Dahinter stecken eine enorme Rechenleistung und die Fähigkeit, unstrukturierte Texte zu analysieren. Allein Watsons Hardware war mehrere Millionen Dollar wert: Sie bestand aus 90 Servern mit 2 880 Mikroprozessoren, die 80 Billionen Rechenoperationen pro Sekunde ausführen konnten. Auf der Liste der Supercomputer lag Watson damit zwar nur auf Platz 114, aber wichtiger war, wie viele Daten schnell aus dem Arbeitsspeicher abgerufen werden konnten: 16 Terabyte – was 4 000 damaligen Notebooks entsprach.

Insgesamt luden die IBM-Entwickler rund 200 Millionen Textseiten in den Arbeitsspeicher, darunter das ganze Internetlexikon der Wikipedia, Film- und Musikdatenbanken, aktuelle Nachrichtenseiten, Wörterbücher und vieles mehr. Während des Spiels untersuchten Hunderte von Bots – kleine, selbstständige Teilprogramme – verschiedene Aspekte der Jeopardy-Hinweise und lieferten mögliche Antworten, die dann von einer übergeordneten Instanz des Watson-Systems überprüft und bewertet wurden. Am Schluss war der Computer so gut, dass er binnen zwei bis drei Sekunden zu 95 Prozent richtige Antworten geben konnte.

Der Jeopardy-Sieg war eine perfekte Werbeveranstaltung für moderne KI, aber natürlich hat IBM das Watson-System nicht für Quizsendungen entwickelt. Inzwischen ist daraus eine Geschäftseinheit geworden, in die das Unternehmen Milliarden Dollar investiert hat. Watson wird heute als Assistent für Ärzte ebenso eingesetzt wie zur Datenanalyse in Firmen, Werkstätten, Callcentern, bei Anwälten oder in Banken. In diesen Fällen sucht der Computer nicht in der Wikipedia nach Antworten, sondern in Patientenakten, Unternehmensberichten, Gerichtsakten und Bankunterlagen. Auch für effiziente Verkehrs- und Energiesysteme soll Watson eingesetzt werden.

Nach dem Watson-Erfolg überschlugen sich die Meldungen, dass Maschinen menschliche Champions besiegen – auf unterschiedlichsten Gebieten. So gewann 2011 ein Deep-Learning-Netz (siehe Frage 6) des Schweizer KI-Forschungsinstituts in Lugano einen deutschen Wettbewerb für Verkehrszeichenerkennung. Bei 50 000 Fotos erkannte der Computer 99,46 Prozent korrekt, auch wenn die Schilder verdreht, halb verdeckt oder im Gegenlicht aufgenommen waren. Mit der Fehlerrate von 0,54 Prozent war der Computer mehr als doppelt so gut wie die menschliche Vergleichsgruppe, die zu 1,16 Prozent falsch lag. Hier war zum ersten Mal ein Algorithmus für Bilderkennung besser als Menschen. Inzwischen ist dies fast die Regel. 2013 setzten Google-Forscher ein Deep-Learning-Netz ein, um auf Street-View-Aufnahmen Hausnummern zu erkennen und die Häuser in Google Maps exakt zu positionieren. Dafür musste es auf vielen Millionen Bildern aus Frankreich die oft sehr kreativ geschriebenen Hausnummern finden und lesen – ein Team von zwei Dutzend Leuten hätte dafür zwei Jahre gebraucht. Der Computer schaffte es in 100 Minuten.

Auch in der Medizin ist eine gut trainierte KI kaum zu schlagen: Sie detektiert Lungenentzündungen präziser als Radiologen, Hautkrebs besser als Dermatologen, Herzrhythmusstörungen mindestens so gut wie Kardiologen – und sie findet bösartige Darmpolypen schneller als die zuständigen Gastroenterologen (siehe Frage 14). Ähnliches melden Pharmaforscher: 2012 ging es in einem Wettbewerb darum, Moleküle zu finden, die sich für neue Medikamente eignen könnten. Gewonnen hat ein Deep-Learning-Verfahren der University of Toronto. Es brauchte nur zwei Wochen, um unter Tausenden von Molekülen die erfolgversprechendsten zu identifizieren. Das Besondere daran: Keiner der beteiligten Forscher war ausgebildeter Biologe oder Chemiker.

Bei der Auswertung großer Datenmengen kann kein Mensch mehr mit KI-Systemen mithalten. Ohne intelligente Algorithmen hätten beispielsweise Physiker keine Chance, aus den Unmengen an Messdaten, die in Teilchenbeschleunigern erzeugt werden, die wirklich interessanten Ereignisse herauszufiltern. Bei der Entdeckung der Gravitationswellen war es entscheidend, die Signale mit Hilfe von KI vom starken Hintergrundrauschen zu trennen. Und auch Klimaforscher setzen stark auf KI, um ihre komplexen Modelle zu verbessern – etwa bei Simulationen, die das Entstehen und die Entwicklung von Wolken nachbilden.

Bei technischen Systemen geht ohne KI ebenfalls kaum noch etwas. So verfügen Windturbinen über Sensoren, die pro Tag Hunderte Gigabyte an Messwerten produzieren. Computer können diese Datenflut nach Mustern durchforsten und ungewöhnliche Schwingungen oder einen unrunden Lauf erkennen – Tage oder Wochen, bevor die Turbine ausfallen würde. Dieses Prinzip der »vorausschauenden Wartung« wird inzwischen vielfach eingesetzt, von Werkzeugmaschinen über Verkehrsampeln bis zu Aufzügen oder Hochgeschwindigkeitsbahnen.

Und auch Roboter können menschliche Weltmeister schlagen. 2012 präsentierte die US-Firma Boston Dynamics den Vierbeiner Cheetah, der mit galoppierenden Sprüngen bis zu 45 Kilometer pro Stunde erreicht. Er ist damit schneller als Usain Bolt, der Weltrekordhalter über die 100- und 200-Meter-Strecke. Doch einer der verblüffendsten Siege gelang 2016 der Software AlphaGo: Dieses KI-System der britischen Firma Google DeepMind gewann gegen Lee Sedol, den damals weltbesten Go-Spieler, mit 4:1 – eine Leistung, die Experten nicht vor 2025 erwartet hatten. Denn auf einem Go-Brett gibt es mehr mögliche Stellungen der Steine als Atome im Universum. Es ist undenkbar, alle Züge durchzurechnen. Man muss eine Intuition dafür entwickeln, wohin der nächste Stein gesetzt werden sollte. Dazu trainierten die Forscher ihre Software zunächst mit 150 000 Go-Partien, wobei sie Deep-Learning-Methoden der Mustererkennung mit Belohnungslernen und Zufallszügen kombinierten. Der Computer entwickelte daraufhin kreative Spielideen, die Go-Experten noch nie bei menschlichen Spielern gesehen hatten.

Damit nicht genug: Im Herbst 2017 präsentierten die Forscher AlphaGo Zero, ein KI-System, das gar kein menschliches Wissen mehr nutzte. Sie brachten ihm nur die Regeln des Spiels bei, und dann spielte es millionenfach gegen sich selbst und variierte seine Strategien, bis es immer besser wurde. Das ist dasselbe Prinzip, nach dem schon über 60 Jahre zuvor der Elektroingenieur Arthur Samuel einen Großrechner im Dame-Spiel trainiert hatte – woraufhin zum ersten Mal eine Maschine durch Lernen besser wurde als ihr Lehrer. Dies passierte auch jetzt wieder: Schon nach drei Tagen war AlphaGo Zero so gut, dass es gegen das Programm, das Lee Sedol geschlagen hatte, mit 100:0 gewann.

Doch eine Beschränkung blieb: Bei Spielen wie Go und Schach verfügen die Gegner stets über alle Informationen – sie überblicken das gesamte Spielfeld. Im realen Leben ist dies aber so gut wie nie der Fall. Bevor also Roboter oder andere smarte Maschinen eine echte Hilfe im Alltag sein können, müssen sie lernen, mit unvollständigen Informationen zurechtzukommen. Der erste Test dafür ist das Pokerspiel. Im Juli 2019 hat das KI-System Pluribus, das von Forschern der Carnegie Mellon University in Pittsburgh entwickelt worden war, in einem Turnier gegen fünf Mitspieler, darunter Weltklasse-Profis, gespielt – und gewonnen. Dabei schaffte es das Programm, aus dem Verhalten der Gegner zu lernen, Bluffs zu erkennen, selbst zu bluffen und während des Spiels seine Strategien zu variieren – kurz: möglichst unberechenbar und zugleich klug zu agieren.

Der realen Welt am nächsten kommen derzeit KI-Systeme wie AlphaStar von DeepMind. Im Dezember 2018 hat diese Software erstmals Profispieler im Strategiespiel StarCraft II besiegt. Das Besondere: StarCraft II wird in Echtzeit gespielt, mit begrenztem Sichtfeld und langfristiger Planung. Die Spieler müssen Rohstoffe sammeln, Gebäude bauen, Soldaten trainieren, Scouts losschicken und Gegner zu überrumpeln versuchen. Dabei kennen sie nur ihre direkte Umgebung – und alle Spieler agieren gleichzeitig, nicht abwechselnd nacheinander wie bei Schach oder Go.

Wer ein solches Spiel beherrscht, hat gute Chancen auf kommerzielle Anwendungen. Beispiel Transportwesen: Auch hier geht es darum, Roboter sicher ans Ziel zu bringen, obwohl sich in der Umgebung ständig etwas ändert. Ähnlich in Fabriken: Hier soll schnell und effizient gefertigt werden, aber dann gibt es einen Stromausfall, es kommen unerwartet neue Aufträge herein, oder wegen der Verhängung von Strafzöllen brechen ganze Märkte weg – eine KI, die gelernt hat, mit solchen Unwägbarkeiten zurechtzukommen, hat auch im Unternehmensumfeld die besten Karten.

Natürlich braucht eine Software für Übersetzungen oder zur Bilderkennung keinen physischen Körper – es genügt, wenn sie uns ihre Ergebnisse mitteilt. Doch wenn Künstliche Intelligenz Aktionen durchführen soll, dann muss sie auch über die Mittel dazu verfügen: ob es nun die Räder eines selbsttätig fahrenden Autos oder die Greifarme eines Roboters sind. Mehr noch: Viele Forscher gehen davon aus, dass eine umfassende Intelligenz und letztlich auch das Bewusstsein für das eigene Ich auf einen realen Körper angewiesen sind. Embodiment nennt das die Kognitionswissenschaft.

Es reicht nicht aus, alles in einer virtuellen Welt zu simulieren – man braucht die Wechselwirkung mit der realen Umgebung. Wenn wir beispielsweise eine Wasserflasche in die Hand nehmen, empfängt unser Gehirn Informationen von den Augen, von der Haut, von Muskeln, Sehnen und sogar vom Gleichgewichtsorgan. Man sieht die Flasche, spürt das Gewicht und die Oberflächentextur, und wenn man sie öffnet, hört man das Sprudeln und freut sich darauf, zu trinken – all dies wirkt zusammen. Letztlich entsteht aus dieser Gesamtheit das Modell, das wir uns von diesem Gegenstand machen.

Wir verfügen über eine sehr reichhaltige Sensorstimulation. So haben wir allein rund 900 Millionen tastsensible Rezeptoren, von den Hör-, Geruchs-, Geschmacks- und Sehnerven ganz abgesehen. Das ergibt enorme Datenströme, die im Gehirn zusammenlaufen. Einem Roboter, der vielleicht ein, zwei Kameras und in seinen Fingern wenige Drucksensoren hat, fehlen viele dieser Informationen. Dementsprechend unvollständig wäre das Modell, das er sich von einer Wasserflasche machen könnte.

Zudem warten wir Menschen, anders als konventionelle Maschinen, nicht auf Input. Wir erzeugen die Sensorstimulation durch unsere Handlungen. Wir greifen die Flasche, wir kippen sie hin und her, wir öffnen sie – und immer ändern sich die visuellen, akustischen und haptischen Signale. Schon beim Betrachten der Flasche bilden wir im Gehirn Erwartungen aus, wie sich das anfühlen wird und was passieren wird, wenn wir sie öffnen. Werden die Erwartungen bestätigt, sehen wir unsere Modellbildung als sehr zuverlässig an.

Das ist insofern wichtig, als man oft auch bei unbekannten Objekten schnell Modelle bilden sowie Lösungen finden und ausprobieren muss. Künftige Roboter und andere smarte Maschinen brauchen daher einen Körper mit vielen Sensoren. Nur dann können sie nützliche Modelle für ihr Handeln entwickeln. Und sie müssen selbst aktiv werden, sie müssen ihre Sensoren stimulieren, um etwas über ihre Umwelt zu lernen und wirklich intelligent zu werden.

Was können Roboter mit Künstlicher Intelligenz heute leisten?

Eine der schwierigsten Aufgaben, die man Robotern heute stellen kann, ist der sogenannte Griff in die Kiste, also etwa der Befehl: »Bring mir die rote Zange aus dem Werkzeugkasten!« Amazon rief dazu einen eigenen Wettbewerb aus, und Google-Forscher trainierten 14 Roboter zwei Monate lang an unterschiedlich gefüllten Kisten. Dabei reichten die Maschinen ihre Ergebnisse an Deep-Learning-Netzwerke (siehe Frage 6) in der Cloud weiter, teilten sie untereinander und lernten so gemeinsam. Nach 800 000 Versuchen waren sie schließlich so weit, dass sie eine Vielzahl von Objekten sicher greifen konnten.

Für Anwendungen im Haushalt oder in der Industrie ist so etwas natürlich nicht praktikabel. Ein Roboter kann nicht Tausende Male herumprobieren, bevor er ein Glas halten kann, ohne dass es herunterfällt. Daher versucht man, Roboter zuerst in der virtuellen Welt millionenfach an simulierten Gegenständen üben zu lassen, bevor sie dann in der Realität mit wenigen Versuchen zurechtkommen. Das Hauptproblem: Die simulierten Welten sehen zwar oft optisch gut aus, sind aber in wichtigen Details nicht perfekt. So ändern sich etwa je nach Luftfeuchtigkeit und Temperatur die Reibungskräfte zwischen Gläsern und Roboter-Fingern – und natürlich auch abhängig davon, wie gefüllt oder leer das Glas ist.

Einen etwas anderen Weg geht daher ein Forscherteam um Sami Haddadin, der mit Robotik-Innovationen 2017 den Deutschen Zukunftspreis und 2019 den Leibniz-Preis gewonnen hat und zurzeit an der Technischen Universität München die

Munich School of Robotics and Machine Intelligence aufbaut. Seine Roboter lernen zuerst ihre eigenen Körper kennen – ähnlich wie Neugeborene, die mit Herumzappeln und Greifbewegungen üben, ihre Muskeln zu koordinieren. Haddadins Roboter haben physikalische Grundgleichungen integriert, die sie mit Daten aus der realen Welt abgleichen, also etwa: Wie viele Gelenke habe ich, wie sind sie angeordnet, und wie bewegt sich mein Körper, wenn ich welche Kräfte wo wirken lasse?

Hat der Roboter auf diese Weise ein Modell seines Körpers erstellt, reichen ihm wenige Zusatzinformationen, um eine Aufgabe zu erfüllen. Das geht wesentlich kostengünstiger, schneller und präziser als mit den üblichen Lernverfahren der neuronalen Netze. Wenn so ein Roboter noch nie einen Schlüssel in ein Schloss stecken musste, schafft er es mit 50 bis 200 Versuchen. Und er kann von weiteren Maschinen lernen. So wurde ein anderer Roboter trainiert, unterschiedlich große Metallstopfen in Löcher zu bugsieren, ähnlich wie ein Kleinkind das mit runden und eckigen Formen tut: durch Drehen, Kippen, Hin- und Herwackeln. Wird diese Fähigkeit dann auf den ersten Roboter transferiert, bringt dieser spätestens nach drei, vier Versuchen nahezu jeden Schlüssel ins Schloss.

Für solche Maschinen gibt es vielfältige Anwendungen. Immer häufiger werden in der Industrie »kollaborative Roboter« eingesetzt, die sogenannten Cobots, die Hand in Hand mit Menschen arbeiten – also ohne Schutzzäune. Man muss sie nicht mehr programmieren, sondern kann ihnen die nötigen Bewegungen einfach zeigen. Zugleich sind sie so sensibel, dass sie in Tausendstel Sekunden stoppen, bevor sie einen Menschen verletzen könnten. Sie reichen beispielsweise Werkstücke oder helfen bei der Montage von Bauteilen. In Lagerhallen sollen sie schon bald eigenständig Waren aus Regalen nehmen oder dort ablegen. Ein Grundsatz gilt allerdings: Je kontrollierter die Umgebung, desto besser. In Umgebungen, die sich ständig ändern, werden Roboter noch viele Jahre lang große Schwierigkeiten haben – ob es nun das Chaos in Kinderzimmern oder der Verkehr in Städten ist.

Eine besondere Variante sind Maschinen, die teils selbstständig, teils ferngesteuert unterwegs sind. Für die besten dieser Roboter aus aller Welt fand 2015 eine Art Olympiade vor Tausenden von Zuschauern in einer Arena bei Los Angeles statt: die DARPA Robotics Challenge. In diesem mehrtägigen Wettbewerb mussten die Maschinen über Geröll klettern, Treppen steigen, Löcher bohren, Ventile öffnen, ja, sogar Fahrzeuge steuern. Die Siegprämie über zwei Millionen Dollar gewann schließlich ein Roboter aus Südkorea, der die Flexibilität eines Zweibeiners mit der Stabilität einer Maschine auf Rädern kombinierte: Zu Fuß stieg er Treppen empor, und auf Knien rollend erledigte er die eher handwerklichen Aufgaben.

Andere Roboter ähnelten einem metallenen Zentauren oder einem stählernen Muskelprotz wie dem Atlas-Roboter von Boston Dynamics, der dennoch sehr sportlich ist – wie die Firma Ende 2018 in einem Video bewies: Er springt mühelos über Hindernisse, stapelt Kisten übereinander und schafft sogar einen Rückwärtssalto. Solche Maschinen sollen in Zukunft unter anderem als Rettungsroboter zum Einsatz kommen, etwa bei Katastrophen wie 2011 im Kernkraftwerk Fukushima. Hätte man damals Ventile für das explosive Wasserstoff-Gas öffnen können, wäre es vielleicht zu gar keiner Explosion gekommen. Für Menschen war der Aufenthalt in den radioaktiv verseuchten Reaktorhüllen zu gefährlich geworden, aber Roboter hätten dort noch arbeiten und so möglicherweise verhindern können, dass 150 000 Menschen ihre Heimat verlassen mussten.

Wie menschenähnlich können Roboter werden?

An der Frage, wie menschenähnlich Roboter sein sollen, scheiden sich die Geister. Die einen verweisen auf das »Uncanny Valley«, das »unheimliche Tal« – ein Phänomen, das der Forscher Masahiro Mori bereits vor 50 Jahren beschrieben hat. Mori hatte erkannt, dass wir Roboter oder humanoide Computerfiguren, also Avatare, nicht immer besser akzeptieren, je mehr sie uns gleichen.

Zunächst finden wir es angenehm, wenn sie sich ähnlich bewegen und ähnlich sprechen wie wir – solange sie noch klar als Maschinenwesen erkennbar sind. Ab einem bestimmten Grad der Menschenähnlichkeit nimmt die Akzeptanz jedoch rapide ab. Wir reagieren dann instinktiv ablehnend auf minimale Differenzen, etwa wenn die Bewegungen nicht flüssig genug sind oder wenn Sprache, Mimik und Gestik nicht genau passen. Solche Roboter wirken nicht lebendig, eher wie Zombies. Erst wenn die Menschenähnlichkeit fast 100 Prozent erreicht hat, steigt die Akzeptanzkurve wieder steil an. Der Einbruch dazwischen, das ist das »Uncanny Valley«.

Dieser Effekt ist ein wesentlicher Grund, warum die meisten Forscher in westlichen Ländern keine Androiden – also extrem menschenähnliche Roboter – bauen. Eine ikonische Darstellung reiche, sagen sie, damit man die Maschinen sympathisch finde, aber nicht zu viel erwarte: Roboter, die humanoid wirken, also in Aussehen und Funktion an Menschen erinnern, ohne ihnen zu sehr zu ähneln. Heutige Serviceroboter besitzen daher oft einfach einen flachen, runden Kopf, der als Touchscreen dient und auch zwinkernde Augen oder Smileys zeigen kann.

Entwickler in Asien argumentieren anders, insbesondere der Japaner Hiroshi Ishiguro, der als Pionier der Androiden-Forschung gilt. Seit 2006 baut er Roboter als Maschinen-Klone realer Menschen, die von diesen kaum mehr zu unterscheiden sind. Ihre Haare und Wimpern, ihre Augen, Lippen und Zähne wirken vollkommen natürlich, und ihre Haut aus Spezialsilikon enthält sogar kleine Poren und Unreinheiten. Ishiguro glaubt, dass wir mit solchen Robotern am besten kommunizieren können – über Gestik, Mimik und Sprache. Androiden seien das natürlichste Gegenüber für uns, sagt er: »Wir brauchen keine Bedienungsanleitung, um mit unseresgleichen zu kommunizieren.«

Zudem können sich humanoide Roboter in unserer für Menschen gemachten Umgebung besser zurechtfinden als andere Maschinen, ob es nun ums Treppensteigen, Türenöffnen oder Knöpfedrücken geht. In fernerer Zukunft, so die Vision in Japan, sollen Androiden den vielen alten Menschen als elektronische Butler im Haushalt helfen. Doch schon heute, meint Ishiguro, hätten seine Androiden das »Uncanny Valley« durchschritten – und in der Tat: Sie stoßen fast immer auf hohes Interesse und Sympathie.

Ishiguros bekannteste Roboter-Dame, Geminoid F, hat schon auf Theaterbühnen und in Filmen mitgewirkt – etwa in *Sayonara*, dem ersten Kinofilm mit einer echten Androidin in einer Hauptrolle. Für einen dänischen Professor fertigte Ishiguro ebenfalls einen Geminoiden-Klon an, der sogar eine ganze Vorlesung gehalten hat. Die Studenten haben angeblich erst in der Pause gemerkt, dass es ein Roboter und nicht ihr Professor war, der da vor ihnen saß. Bis vor drei Jahren wurden die Geminoiden zwar noch im Wesentlichen von Menschen ferngesteuert, doch Ishiguros neueste Schöpfung, Erica, agiert schon recht eigenständig. Sie kommuniziert mit Menschen über Augenkontakt, Berührungen, Gesten und Gesichtsausdrücke – und über ihre Stimme. Damit will Ishiguro echte Dialogsituationen erreichen und Erica als sozialen Roboter ins Alltagsleben integrieren.

Eine noch steilere Karriere als Ishiguros Geminoiden hat nur die Roboter-Dame Sophia von David Hanson hingelegt, der einst Figuren für die Themenparks von Disney schuf, seine Androiden-Firma aber in Hongkong gründete. Im Herbst 2017 hielt Sophia eine Rede vor den Vereinten Nationen, sie traf Politiker rund um den Globus, witzelte live in Talkshows – und erhielt werbewirksam in Saudi-Arabien sogar die Staatsbürgerschaft. Dennoch: Auch die Entwickler von Hanson Robotics geben zu, dass Sophia derzeit nur ein »Chatbot mit einem menschlichen Gesicht« ist. Die Roboter-Dame kann auf Menschen je nach Situation reagieren, Gestik und Mimik einsetzen und einfache Fragen beantworten, wobei sie auch auf aktuelle Informationen aus dem Internet zurückgreift. Alles andere sind vorbereitete Dialoge wie bei einer Dokusoap im Fernsehen. Von echten Partnern für Menschen sind Sophia – und auch die Androidinnen Geminoid F und Erica von Hiroshi Ishiguro – noch weit entfernt.

11

Kann man Roboter wie kleine Kinder erziehen?

Es ist eine alte Utopie: »Künstliche Menschen«, also Roboter, die uns als hilfreiche Butler zur Seite stehen. Die man bitten kann, Staub zu saugen, Fenster zu putzen, die Unordnung im Kinderzimmer zu beseitigen oder auch alten Menschen beim Anziehen zu helfen, ihnen in der Küche zur Hand zu gehen und die Einkäufe zu erledigen. Bis aber Maschinen in der Lage sein werden, eine solche Vielfalt von Aufgaben zu übernehmen – und das zu bezahlbaren Kosten –, wird es noch Jahrzehnte dauern.

Denn dazu müssen die Roboter Menschen im Alltag begleiten, um ständig hinzuzulernen, und sie müssen belohnt werden, wenn sie etwas richtig machen. Am besten lässt man die Vorläufer solcher smarten Maschinen wie Kinder in die Schule gehen. Anschließend können sie dann ihr Wissen an die nächste Generation weitergeben, denn dies ist der große Vorteil von Robotern: Anders als junge Menschen, bei denen jeder und jede für sich selbst lernen muss, könnten Roboter in Zukunft Teil eines gemeinsamen Internets – eines RoboNet – sein. Jede Maschine, die etwas Neues gelernt hat, könnte dies ins RoboNet übertragen, und andere würden es dann wie Apps herunterladen: etwa, wie man einen festlichen Tisch deckt, ein exotisches Gericht kocht oder eine Drohne steuert.

Im Istituto Italiano di Tecnologia nahe Genua, einem Zentrum für Robotik, wurde bereits ein Roboter entwickelt, der zur Schule geht: Der iCub wächst auf wie ein kleines Kind. Er ist etwa einen Meter groß, kann laufen, mit seinen Fünf-Finger-

Händen Objekte greifen, sprechen und zuhören, spüren, wenn man ihn berührt, erröten, charmant lachen oder verlegen den Kopf senken – doch das Wichtigste: Er lernt durch Beobachten und Nachahmen von Menschen. Mehrere Lehrer bringen ihm in seinem Klassenzimmer bei, seine Spielsachen zu benutzen, den Tisch abzuräumen, Klavier zu spielen oder mit Pfeil und Bogen ein Ziel zu treffen. Developmental Robotics nennt sich das noch junge Forschungsfeld, in dem Roboter im Lauf ihres »Lebens« immer mehr Fähigkeiten und Wissen hinzugewinnen.

Das Kennenlernen neuer Objekte geht beispielsweise am schnellsten, wenn der Roboter sie nimmt und aus verschiedenen Perspektiven betrachtet – so lernen auch Menschenkinder beim Spielen. Wer etwas selbst in der Hand hatte, merkt sich das Objekt leichter, als wenn er es nur vor sich sieht. Der iCub übt auch, wofür man Werkzeuge, etwa eine Schaufel oder einen Rechen, brauchen kann, und er bittet Menschen um Hilfe, wenn ihm etwas nicht gelingt.

Technisch ist all dies eine komplexe Abfolge von Aktionen, die meist auf neuronalen Netzen beruhen (siehe Frage 5). So hat der iCub Lernmodule, um Objekte sicher erkennen und greifen zu können, weitere, um Werkzeuge zielgerichtet einzusetzen, und wieder andere, um Gesichter zu erkennen, zu sprechen und Sprache zu verstehen. Einiges lernt der iCub auch durch Belohnungen. Wenn er etwas richtig macht, bekommt er Punkte wie im Computerspiel – und so erarbeitet er sich durch Versuch und Irrtum Handlungsstrategien: etwa, wie er den Bogen halten und spannen muss, um mit dem Pfeil die Zielscheibe zu treffen. In Zukunft könnte man einem Roboter auch einfach ein dankbares Lächeln schenken, wenn er die schwere Getränkekiste aus dem Keller schleppt. Er würde das mithilfe seiner Emotionserkennung wahrnehmen und als Belohnung werten.

Außerdem arbeiten Forscher daran, alles zu belohnen, was für den Roboter zu einer neuen Information führt. Auf diese Weise wollen sie neugierige Maschinen schaffen, die nicht ständig auf Befehle warten, sondern eigenständig ihre Umgebung erforschen – ähnlich, wie dies kleine Kinder tun. In Japan ist es Wissenschaftlern sogar gelungen, bei einem iCub so etwas wie altruistisches Verhalten zu erzeugen, also uneigennützige Handlungen. Die Maschine reagiert wie ein Kleinkind, das spontan Dinge aufhebt, die anderen heruntergefallen sind.

Dahinter steckt gar nicht viel: nur eine Vorhersage-Software und ein Programm, das Belohnungspunkte verteilt, wenn der Vorhersagefehler minimal ist. Wie funktioniert das? Der Roboter beobachtet Aktionen von Menschen, erstellt Modelle und lernt daraus. Wenn jemand beispielsweise seine Hand ausstreckt, dann versucht der iCub das Ziel dieser Bewegung vorherzusagen: etwa dass der Mensch einen Becher greifen will. Schafft er es, ist der Vorhersagefehler Null, und der iCub bekommt in seinem »Kopf« die entsprechenden Punkte.

Wenn der Becher allerdings zu weit entfernt steht, ist die Vorhersage falsch, und dem Roboter entgeht die Belohnung. Doch er kann etwas tun, um dennoch zu seinen Punkten zu kommen: Er kann dem Menschen den Becher reichen oder ihn hinüberschieben – und genau das passiert auch. Wohlgemerkt, ohne dass ihm dies einprogrammiert worden wäre. Für künftige Haushaltsroboter wäre so ein spontanes Verhalten sehr nützlich, etwa wenn sie alten Menschen oder Behinderten helfen sollen. Mit einer klugen Implementierung von Belohnungssystemen könnten Roboter in Zukunft demnach sogar einfacher zu erziehen sein als kleine Kinder.

Wird Künstliche Intelligenz unseren Alltag revolutionieren?

Verfahren der Künstlichen Intelligenz sind bereits heute ein wichtiger Teil unseres Alltags. Wenn wir das Smartphone über Fingerabdruck oder Gesichtserkennung entsperren, wenn wir Bilder hochladen und ähnliche im Internet suchen, wenn wir smarte Lautsprecher bitten, unsere Lieblingsmelodien zu spielen, wenn Messenger-Dienste Wörter korrigieren oder Texteingaben vervollständigen, wenn wir uns über angeblich maßgeschneiderte Werbung ärgern – dann ist das alles »KI in action«.

Doch es ist erst der Anfang. So sorgte im Mai 2018 ein Anruf beim Friseur für weltweites Aufsehen. Die Anruferin war eine Maschine, die exakt auf das einging, was ihr menschliches Gegenüber sagte und fragte. Sie machte Halbsätze, legte Denkpausen ein, murmelte auch einmal »Mm-hmm« – man hatte tatsächlich das Gefühl, sie würde nachdenken, bevor sie den nächsten Satz formulierte. Und als schließlich der Termin verabredet war, wünschte die Dame im Friseursalon der Anruferin noch einen schönen Tag; sie hatte offenbar zu keinem Zeitpunkt erkannt, dass es kein Mensch war, der mit ihr telefoniert hatte.

Diesen Dialogassistenten namens Google Duplex testen seit Dezember 2018 Nutzer von Smartphones in den USA im Alltagsbetrieb – wobei sich die Maschine nun auch als solche zu erkennen gibt; sie versucht also nicht, Menschen zu täuschen. Bei klar definierten Aufgaben wie einer Reservierung im Restaurant funktioniert das schon recht zuverlässig, und man kann sich gut vorstellen, wie solche KI-Helfer in Zukunft lästige Routinetätigkeiten übernehmen. 2019 wurde beispielsweise »Duplex for the Web« vorgestellt: Hier übernimmt der Assistent das Ausfüllen typischer Internetformulare, etwa für das Anmieten eines Autos.

Seit drei Jahren haben dank KI auch Übersetzungsprogramme enorme Fortschritte gemacht. Als weltweit führend – vor allem bei Texten in Alltagssprache – gilt das deutsche Unternehmen DeepL aus Köln. Sein Geheimnis: Die verwendeten Deep-Learning-Netze (siehe Frage 6) wurden mit einer Milliarde hochwertiger Übersetzungen trainiert, nicht nur für Wörter, sondern für ganze Sätze. Dahinter steckt ein Supercomputer in Island, der zu den 25 schnellsten Rechnern der Welt zählt: Er schafft 5,1 Billiarden Rechenoperationen pro Sekunde – genug, um jede Sekunde etwa eine Million Wörter in neun Sprachen übersetzen zu können.

Dennoch ist es nicht die Rechenleistung allein, die DeepL einen Vorsprung verschafft: Die Firma hat viel Aufwand in die Aufbereitung der Daten gesteckt. DeepL basiert auf Linguee, einer sehr leistungsfähigen Suchmaschine und Datenbank für Übersetzungen. Das Programm findet im Internet, wie Menschen Texte von einer Sprache in eine andere übertragen haben, und lernt anhand der Übersetzungspaare, wie man grammatikalisch korrekt übersetzt und gute Formulierungen wählt. Der Computer kennt auch Synonyme und kann bewerten, wie gut sie inhaltlich passen. Außerdem haben die DeepL-Entwickler Hunderte von Wörterbuch-Experten weltweit damit beauftragt, die Ergebnisse der Algorithmen zu überprüfen und zu korrigieren.

Perfekt sind die Übersetzungen natürlich nicht: Zum einen ist es für Maschinen nach wie vor schwierig, Sätze, die sich inhaltlich aufeinander beziehen, korrekt zu übersetzen, zum anderen weiß der Computer nichts über kulturelle Zusammenhänge oder über die Assoziationen, die ein Text hervorrufen kann. Gute maschinelle Übersetzungen von Romanen, Liedern oder Gedichten sind daher erst einmal nicht zu erwarten – aber dennoch: Bei Reisen ins Ausland oder Geschäftstreffen könnten wir schon bald ein Gerät nutzen, in das wir auf Deutsch hineinsprechen, und unser Gegenüber hört unsere Stimme in seiner Sprache und umgekehrt. Das ist dann nicht mehr weit vom Babelfisch entfernt, jenem wunderbaren Wesen aus Douglas Adams' *Per Anhalter durch die Galaxis*, das, einmal ins Ohr gesteckt, alle Sprachbarrieren beseitigt.

Bis wir in unserem Zuhause neben den bereits existierenden Staubsaug- und Rasenmäh-Robotern vollautomatische Küchen und perfekte Roboter-Butler haben, wird es zwar noch Jahrzehnte dauern, aber an der Sprachsteuerung eines Smart Homes wird bereits kräftig gearbeitet. »Fahr bitte die Heizung herunter, schließ die Jalousien, stell eine Videoverbindung mit meinen Eltern her und zeig mir an der Internetwand 3D-Bilder aus den Alpen«, sind durchaus realistische Sprachbefehle für eine nähere Zukunft.

Auch unsichtbare Chauffeure sind keine ferne Vision. »Alexa, ich brauche in zehn Minuten ein autonomes Elektrotaxi vor der Tür« – das könnte in einigen Jahren Wirklichkeit werden. In 40 US-Städten werden selbstfahrende Autos getestet, und in Tokio sollen Besucher der Olympischen Spiele 2020 mit Roboter-Taxis befördert werden. In Deutschland sind Autos ohne Fahrer ebenfalls zu beobachten, etwa auf der Autobahn zwischen München und Nürnberg oder als Robo-Bus in Karlsruhe. Derzeit muss die Automobilindustrie gleich drei Paradigmenwechsel bewältigen: Neben elektrisch angetriebenen und digital vernetzten Fahrzeugen auch das vollautomatische (»autonome«) Fahren, sozusagen Roboter auf Rädern.

In Städten und auf Landstraßen mit Fußgängern, Radfahrern, Gegen- und Querverkehr ist das deutlich schwieriger zu schaffen als in der kontrollierten Umgebung der Autobahnen. Um künftig in solchen Situationen sicher fahren zu können, müssen Smart Cars nicht nur Objekte erkennen. Sie müssen auch Vorgänge einschätzen und entsprechend handeln: Wollen die Menschen am Straßenrand die Fahrbahn überqueren, oder halten sie nur einen Plausch? Was kann als Nächstes passieren, wenn ein Ball auf die Straße rollt? Solche Szenenanalysen wollen Forscher dank KI den Maschinen beibringen – etwa, indem diese aus Videos lernen, wie Menschen üblicherweise agieren.

Noch besser werden die Fahrzeuge, wenn sie auch miteinander kommunizieren: So wie sich Menschen an Engstellen gegenseitig Zeichen geben, wer zuerst fahren soll, so könnten dies künftig auch Maschinen untereinander vereinbaren. Oder einander informieren, falls hinter einer Kurve Eisglätte auftritt. Im »Internet der Dinge« könnten auch Straßenlaternen melden, falls vor ihnen ein Parkplatz frei wird – vorausgesetzt, all diese vernetzten Geräte können den Mobilfunk der 5. Generation nutzen, der sich gerade im Aufbau befindet.

In Zukunft werden zudem auf Straßen und Gehsteigen selbsttätig fahrende Lieferroboter und Einkaufswägen unterwegs sein sowie auf den Meeren Containerschiffe mit nur wenigen Menschen an Bord. Auch Flugtaxis ohne Piloten werden bereits entwickelt, etwa von der deutschen Firma Volocopter. Deren große Drohne mit 18 elektrischen Propellern startet und landet senkrecht und kann zwei Personen vollautomatisch befördern – für große Städte mit ihren oft nervenaufreibenden Staus eine Zukunftsvision wie aus einem Science-Fiction-Film. Doch in Singapur ist dies bereits Realität: Ende 2019 testete Volocopter hier den ersten VoloPort, ein Terminal für autonome Flugtaxis.

Noch ist die Industrie 4.0 – das Schlagwort für eine hochgradig automatisierte und flexible Fertigung – nicht durchweg Stand der Technik, da machen sich Forscher schon Gedanken für die Zeit danach. Ziel ist die mitdenkende Fabrik. Voraussetzung dafür ist eine durchgängige Digitalisierung, innerhalb einer Firma ebenso wie mit Zulieferern und Kunden. Damit lassen sich Produkte und ihre Fertigungsprozesse virtuell simulieren – mit sogenannten digitalen Zwillingen –, bevor auch nur eine Schraube real existiert. Künstliche Intelligenz führt dann zur nächsten Entwicklungsstufe, sozusagen zur Industrie 5.0.

KI-Systeme finden schnell Fehler bei Produkten, und sie helfen, Logistik und Lagerhaltung zu optimieren. Zugleich analysieren sie riesige Datenmengen: Wenn etwa Sensoren bei Bahnen, Aufzugstüren oder Windturbinen leichte Abweichungen von den Normaldaten melden, kann die KI eine vorausschauende Wartung anstoßen und dafür sorgen, dass der Zug, der Lift oder das Windrad repariert werden, noch bevor sie ausfallen.

Für ihr Verfahren zur Prozessoptimierung wurden im November 2019 die drei Gründer der Firma Celonis mit dem Deutschen Zukunftspreis ausgezeichnet. Alexander Rinke und seine Kollegen hatten erst acht Jahre zuvor – als junge Studenten der Technischen Universität München – das Unternehmen ins Leben gerufen. 2019 hatte Celonis schon einen Marktwert von mehreren Milliarden Euro, 800 Mitarbeiter weltweit und

Großkonzerne wie ABB, Airbus, Bayer, BMW, Edeka, Lufthansa, Siemens, Uber und Vodafone als Kunden.

Je größer das Unternehmen, desto komplexer die Abläufe. Celonis hat sich auf »Process Mining« spezialisiert: Mit Hilfe von KI-Algorithmen kann Celonis Prozesse anhand ihrer Datenspuren durchleuchten, sie transparent machen, bis in die feinsten Verästelungen analysieren und die Punkte finden, an denen es hakt. So kann etwa durch eine bessere Abstimmung von Einkauf, Produktion und Vertrieb termingerechter gefertigt werden. Rechnungen werden schneller bearbeitet, manuelle Nacharbeiten und Abfallmengen werden reduziert. Flugzeuge fliegen pünktlicher, im Supermarkt sind die Regale immer gefüllt, und in der Notaufnahme von Kliniken sinken die Wartezeiten deutlich.

In Firmen kommunizieren auch immer mehr Maschinen direkt miteinander, um die Abläufe – von der Ausschreibung bis zur Auftragsabwicklung – reibungslos und hoch automatisiert zu gestalten. Zudem gibt es schon heute Fabriken, in denen Mensch und Maschine Hand in Hand arbeiten. Die sogenannten Cobots, kollaborative Roboter, sind auf die direkte Zusammenarbeit mit Menschen ausgelegt (siehe Frage 9).

Die größte Revolution dürften KI-Systeme aber in den Büros verursachen. In Sekundenschnelle können sie Texte lesen und Inhalte identifizieren, was für Recherchen im Internet und die Auswertung von Dokumenten extrem hilfreich ist. So kann eine KI Anwälte darauf hinweisen, wo es in Hunderte von Seiten langen Verträgen Stellen gibt, die von bisherigen Formulierungen abweichen und die genauer überprüft werden müssen.

Für Ärzte können KI-Systeme Patientenakten oder Fachliteratur lesen und Empfehlungen für Diagnosen und Behandlungen geben. Bankberater profitieren ebenfalls: KI erkennt nicht nur Muster in Börsenbewegungen und reagiert in Sekunden-bruchteilen, sondern sie kann auch Informationen – etwa aus Unternehmensberichten oder dem Tagesgeschehen – bewerten und Strategien für die Geldanlage ableiten. Zugleich können KI-Systeme Entwicklungen bei Energie- und Rohstoffpreisen oder der Nachfrage nach Produkten prognostizieren, Marketingaktionen auf Kundengruppen maßschneidern – und sie werden immer besser im Verstehen von Sprache. In Zukunft werden Menschen häufig direkte Dialoge mit Maschinen führen (siehe Frage 12). In Callcentern werden virtuelle Assistenten einen Großteil der Anfragen übernehmen, dank KI-Übersetzungen sogar in unterschiedlichen Sprachen.

Auch die Landwirtschaft setzt auf Robotertechnik, etwa um Tiere zu überwachen und zu versorgen. Auf Äckern werden immer mehr Dünge-, Saat- und Ernte-Roboter selbstständig unterwegs sein – gesteuert von Sensoren, Satelliten und der Wettervorhersage. Über ihnen kreisen dann Drohnen, um den Zustand der Felder zu prüfen, Schädlingsbefall zu entdecken und Ernteausfälle zu verhindern. Das Ziel: Nirgends soll zu viel gesät, gespritzt oder gedüngt werden, um die Umwelt zu schonen und Kosten zu sparen.

In Gebäuden können Sensoren feststellen, wo sich Menschen aufhalten, um Lüftung, Licht und Klimatisierung automatisch anzupassen und Energie zu sparen. Dank KI ist sogar eine vorausschauende Optimierung möglich: Wenn der Wetterbericht etwa eine Wärmeperiode vorhersagt und das System gelernt hat, wie viel Wärme in den Wänden und Decken des Hauses gespeichert ist, kann es rechtzeitig die Heizung herunterfahren.

Bei der Energieversorgung sind Smart Grids, intelligente Netze, unerlässlich, um Angebot und Nachfrage auszubalancieren. Vor 20 Jahren wurde Deutschland von einigen Hundert Kraftwerken mit Strom versorgt, heute gibt es mit Solar-,

Wind- und Biomasse-Anlagen rund zwei Millionen Energieerzeuger. Mit den erneuerbaren Energien wollen wir das Zeitalter der fossilen Brennstoffe hinter uns lassen, um Treibhausgas-Emissionen einzudämmen und den Klimawandel auf ein erträgliches Maß zu begrenzen. Doch eine so hohe Komplexität ist nur zu bewältigen, wenn Stromproduktion und Nachfrage, Speicherung, Verteilung und flexible Preisgestaltung optimal aufeinander abgestimmt sind – und dafür braucht man mehr Intelligenz im System. Ohne Smart Grids ist die Energiewende nicht zu schaffen.

In Zukunft werden zudem Elektroautos Teil des Stromnetzes sein. Dank KI wird dann das Smart Car mit dem Smart Home und dem Smart Grid kommunizieren, um kostengünstig Strom fürs Aufladen zu beziehen – und es wird sich mit dem Smartphone seines Nutzers austauschen, um Fahrtrouten und Reisezeiten zu planen. In einer Smart City wiederum sollen all diese Systeme integriert sein: Informationen aus den Energie- und Wassernetzen, den Gebäuden und den Verkehrssystemen sowie von Sensoren, die Schadstoffemissionen erfassen und die Luftqualität messen, werden zusammengeführt und ausgewertet. Die KI erstellt dann daraus Prognosen und macht den Stadtmanagern Vorschläge für eine effiziente und umweltgerechte Optimierung der Systeme.

Inzwischen hat KI sogar die Erde verlassen: Ende 2018 nahm der deutsche Astronaut Alexander Gerst auf der Internationalen Raumstation einen kugelförmigen Assistenten in Betrieb: CIMON, den ersten KI-Roboter im Weltall. Er kann hören, sehen, sprechen und sich dank Luftdüsen selbstständig bewegen, um die Astronauten bei ihren Experimenten zu unterstützen – indem er etwa Bedienungsanleitungen erläutert oder Fotos und Sprachnachrichten aufzeichnet.

Sind Maschinen die besseren Ärzte?

Man sagt, es gebe 1000 Krankheiten, aber nur eine Gesundheit. Doch in Wirklichkeit ist es noch schlimmer: Im Klassifikationssystem der Mediziner sind über 12 000 Krankheiten aufgeführt, darunter fast 8 000 seltene Erkrankungen – solche, an denen weniger als fünf von 10 000 Menschen leiden. Das summiert sich allerdings: So dürften in Europa etwa 30 Millionen Menschen von Krankheiten betroffen sein, die nur die wenigsten Ärzte kennen. Sollte man da nicht die Untersuchungen gleich an Systeme mit Künstlicher Intelligenz auslagern, die über einen unbegrenzten Wissenspool verfügen und nie müde und gestresst sind?

Erste Ansätze existieren bereits: So hat das Start-up Ada Health aus Berlin eine App entwickelt, der man seine Beschwerden nennen kann. Über einen leicht verständlichen Chat wird der Nutzer durch einen Fragenkatalog geleitet. Am Ende erfährt er von Ada, um welche Erkrankung es sich handeln könnte und welche anderen noch infrage kommen. Der Entscheidungsbaum der virtuellen Gesundheitsberaterin enthält Tausende von Symptomen und viele seltene Krankheiten. In über 130 Ländern ist Ada heute eine der meistverwendeten medizinischen Apps.

In China hat währenddessen Xiaoyi – die »kleine Ärztin« – für Aufsehen gesorgt. Xiaoyi ist eine Roboter-Dame mit smaragdgrünen Augen, Rollen unter dem weißen Rock und einem Tablet-Bildschirm vor der Brust. Sie hat ein enormes Lernpensum absolviert: Unter anderem arbeitete sie über 50 Fachbücher und zwei Millionen Patientenakten durch. Damit bestand Xiaoyi Ende 2017 mit Bravour die offizielle ärztliche Zulassungsprüfung. Besser als viele Studenten wusste sie, welche Symptome auf welche Krankheiten hindeuten und welche Behandlungen sinnvoll sind. Eine Praxis kann sie dennoch nicht eröffnen, da dies auch in China für Roboter nicht vorgesehen ist. Derzeit assistiert Xiaoyi menschlichen Ärzten in einem Provinzkrankenhaus 400 Kilometer westlich von Shanghai. Dort führt sie Protokoll, erstellt Akten und macht Vorschläge für Therapien. Ziel ist es, solche lernfähigen Roboter künftig überall dort in China unterstützend einzusetzen, wo Allgemein- und Fachärzte fehlen.

Eines der weltweit ehrgeizigsten Vorhaben ist Watson von IBM. Dieses KI-System ist besonders gut darin, unstrukturierte Dokumente auszuwerten und inhaltliche Verknüpfungen herzustellen. Fachleute des Memorial Sloan Kettering Krebszentrums in New York haben Watson rund 15 Millionen Seiten aus Fachzeitschriften sowie medizinische Leitlinien und Hunderte von Lehrbüchern zu lesen gegeben. Unter Aufsicht der Ärzte wurde die KI trainiert, Symptome zu deuten, Therapien vorzuschlagen und auf Nebenwirkungen hinzuweisen, die je nach Alter, Geschlecht und Gesundheitszustand der Patienten unterschiedlich sein können.

Laut IBM wird Watson inzwischen für 13 Krebsarten in 270 Kliniken eingesetzt, etwa im Bumrungrad Krankenhaus in Bangkok, wo pro Jahr eine Million Patienten behandelt werden. In deutschen Kliniken gab es jedoch Schwierigkeiten: Das Deutsche Krebsforschungszentrum in Heidelberg und die Rhön-Klinikum AG beendeten die Zusammenarbeit. Im einen Fall sollte der Computer Genanalysen durchführen, im anderen aus Fallakten Behandlungsvorschläge ableiten. Dabei stimmte wohl die Komplexität im Alltagseinsatz mit den Marketingversprechen und den Kundenerwartungen nicht überein. Außerdem war Watson mit Daten einer Top-Klinik in den USA trainiert worden – er empfiehlt daher mitunter Behandlungen, die nicht immer zu den Leitlinien und Möglichkeiten anderer Länder passen.

Dennoch werden wissensbasierte Systeme wie Watson oder Xiaoyi ihre Einsatzfelder finden, denn wie kaum ein anderer Sektor profitiert das Gesundheitswesen von »Big Data«: Je mehr – anonymisierte – Patientendaten mit validierten Diagnosen und Therapien zur Verfügung stehen, desto besser. Auch die Gentechnik setzt stark auf KI: Hat die Entschlüsselung eines menschlichen Genoms vor 20 Jahren noch Milliarden Euro gekostet, ist sie heute – nicht zuletzt dank KI-Auswertungen – für wenige Hundert Euro zu haben, Tendenz weiter sinkend. Weltweit sollen bereits über ein Zettabyte (eine Zahl mit 21 Nullen) an Gesundheitsdaten gespeichert sein, was einer Milliarde Terabyte-Festplatten entspricht. Nicht einmal in seinem Spezialgebiet kann ein Arzt die explodierende Fachliteratur überblicken oder Tausende Fälle im Kopf haben, ein Computer hingegen kann das schon.

Beim Durchforsten von Bildern funktioniert KI besonders gut. In Tomografiegeräten entstehen binnen 90 Sekunden Tausende von Querschnittsbildern durch den Körper. Radiologen können Computer darauf trainieren, Auffälligkeiten, etwa kleine Knötchen in der Lunge, schnell aufzuspüren. Auch haben Programme, die mit über 100 000 Bildern trainiert wurden, Hautkrebs anhand von Schattierungen und Formveränderungen bereits besser erkannt, als es Dermatologen vermochten. Bei komplexen 12-Kanal-EKG-Messungen für Herzrhythmusstörungen war der Computer mindestens so erfolgreich wie Kardiologen. Und japanische Forscher haben Rechner mit Aufnahmen von Darmspiegelungen gefüttert. Das Ergebnis: Bösartige Polypen können anhand von 300 Einzelparametern mit einer Genauigkeit von 94 Prozent aufgespürt werden. In Echtzeit markiert die Software während einer Endoskopie-Untersuchung im Video alle Wucherungen – eine enorme Hilfe für die Ärzte, damit sie nichts übersehen.

Anders ist die Situation in den Operationssälen. Zwar trifft man auch hier auf Maschinen, aber nur als verlängerte Arme der Chirurgen. So werden bei Prostatakrebs inzwischen mehr Operationen mit Roboterhilfe durchgeführt als ohne – weltweit pro Woche rund 10 000 Eingriffe, immer öfter auch bei Niere, Bauchspeicheldrüse und sogar in der Herzchirurgie. Üblicherweise sitzt dabei der Chirurg vor einer Konsole, auf deren Monitor er ein vergrößertes räumliches Bild des Operationsfeldes sieht. Über Joystick-artige Bedienelemente steuert er die Roboter-Arme, die durch kleine Öffnungen in den Körper des Patienten eingeführt wurden, sowie die daran befestigten Greifer, Scheren oder anderen Instrumente. Dabei wird jedes Zittern seiner Hände weggefiltert, und seine Vorgaben werden in kleinere Bewegungen der Instrumente umgewandelt. In Zukunft könnten zudem smarte Systeme Informationen ins Sichtfeld des Chirurgen einblenden oder ihm vorschlagen, wo er am besten die Schnitte ansetzen sollte.

Um gelähmten Menschen zu helfen, werden Roboter ebenfalls getestet, etwa in Form von Exoskeletten. Dabei handelt es sich um äußerliche Stützstrukturen oder -anzüge, die per Sprache, über Verbindungen mit Muskeln oder sogar direkt über einen Chip im Gehirn gesteuert werden (siehe Frage 31). Im Allgemeinen sind dies aber erst Pilotprojekte – ebenso wie es noch keine erfolgreichen Pflegeroboter gibt, bis auf die Kuschelrobbe Paro, die vor allem in Japan zum Stressabbau bei demenzkranken Patienten verwendet wird. Wenn Roboter heute in der Pflege genutzt werden, dann sind es meist Reinigungsmaschinen oder solche, die Wäsche oder Essen transportieren. Oder auch mal ein Roboter, der mit Senioren Memory spielt oder Seemannslieder singt.

Für Seniorenwohnungen hat die Firma Future-Shape einen sensiblen Fußboden entwickelt, der nicht nur erkennt, wenn ein Senior gestürzt ist und dann sofort den Pflegedienst alarmiert – eine KI kann sogar aus der Analyse, wie jemand geht, frühzeitig auf Erkrankungen wie Demenz oder Parkinson schließen. Und im Forschungszentrum Geriatronik in Garmisch-Partenkirchen werden gerade Roboter getestet, die in Zukunft ältere Menschen beim selbstbestimmten Leben zu Hause unterstützen sollen. Unter anderem sollen sie Text- und Bildinhalte erkennen und beschreiben – also etwa aus Briefen und Zeitungen vorlesen.

Bei Reha-Übungen könnten solche Roboter ebenso helfen wie bei der Essenszubereitung oder beim Abräumen des Tisches. Für sehr sinnvoll halten die Forscher auch die Möglichkeit der Telepräsenz: So könnte es Verwandten und Freunden gestattet sein, sich in den Roboter einzuwählen. Dessen Kopf zeigt dann das Gesicht des fernen Gegenübers, der den Roboter steuert – beispielsweise um mit dem Senior eine Partie Schach zu spielen. Ebenso könnte der Roboter als eine Art Avatar des Arztes wirken, der auf diese Weise direkt vor Ort tätig werden kann.

Natürlich nur in engen Grenzen, denn das Feingefühl einer menschlichen Hand erreichen Roboter noch lange nicht. Ebenso wie die Bildauswertung ihre Grenzen hat. Smarte Maschinen sind immer nur so gut wie die Daten, mit denen sie trainiert wurden. Hat etwa eine KI gelernt, Tumore in der Lunge zu erkennen, dann findet sie nur diese und nicht ein eventuelles Blutgerinnsel in der Herzarterie – was erfahrenen Medizinern vielleicht nicht entgangen wäre. Menschliche Ärzte mit ihrem umfassenden Wissen und ihrer emotionalen Intelligenz werden nicht durch Maschinen ersetzt werden – schon allein, weil oft die Intuition der Ärzte und der Kontakt mit den Patienten der halbe Weg zur Heilung sind.

Von den 20 größten Unternehmen für Künstliche Intelligenz sind elf in den USA und neun in China – darunter Google, Amazon, Facebook, Apple und Microsoft auf der einen sowie Baidu, Alibaba und Tencent auf der anderen Seite. Sie beherrschen die Internetplattformen und die sozialen Netzwerke. Amazon hat rund 300 Millionen aktive Kunden, Alibaba mehr als doppelt so viele. Google ist mit 90 Prozent Marktanteil die größte Suchmaschine weltweit, auch wenn in China – wo Google gesperrt ist – mehr als jede zweite Suche über Baidu läuft. Zugleich wurde China dank WeChat zur größten Social-Media-Nation der Welt. Diesen Social-Messaging-Dienst von Tencent nutzen jeden Tag eine Milliarde Chinesen. Über WeChat wird fast das komplette digitale Leben organisiert: die Kommunikation über Text, Ton, Foto und Video wie bei WhatsApp, Instagram und Skype, Nachrichten-Streams wie bei Facebook, die Jobsuche oder die Bestellung von Taxi und Fast Food, die sich dann direkt mit WeChat Pay bezahlen lassen, wie fast alles andere auch.

Bis 2030 will China bei KI weltweit führend sein und den Umsatz der entsprechenden Industrien auf 130 Milliarden Euro versiebenfachen. Die Volksrepublik denkt sehr strategisch: Roboter sollen den Wandel vom Fertigungsstandort zur Dienstleistungsgesellschaft begleiten. Zugleich ist KI wichtig für Konsum und Wohlstand, die staatliche Kontrolle und die Neue Seidenstraße, also die weltweite Infrastruktur- und Handelsinitiative Chinas. Baidu übersetzt etwa dank KI Suchergebnisse gleich ins Englische und zurück, und auch beim automatisierten Fahren, um das sich Baidu ebenfalls kümmert, sind KI-Technologien unverzichtbar.

Alibaba wiederum erstellt aus den Daten, was wann gekauft wird, wie es bezahlt wird und wer mit wem worüber kommuniziert, Persönlichkeitsprofile seiner Kunden, die in das »Sesame Credit«-System des Handelshauses einfließen. Noch verwendet die Firma diese Daten nur zur Feststellung der Kreditwürdigkeit von Käufern und Verkäufern, aber es wäre ein Leichtes, sie auch in den »Citizen Score« einfließen zu lassen – das System, mit dem das soziale Wohlverhalten aller 1,4 Milliarden Bürger Chinas beurteilt werden soll.

Als das wertvollste KI-Start-up der Welt gilt die chinesische Firma SenseTime, die erst seit 2014 existiert. SenseTime hat bereits über 1,4 Milliarden Euro an Finanzierungsgeldern eingesammelt, vor allem weil das Unternehmen wohl über die leistungsfähigste Software zur Gesichtserkennung verfügt. Da Deep-Learning-Verfahren umso besser werden, je mehr Trainingsdaten zur Verfügung stehen, hat SenseTime einen Vorsprung gegenüber Firmen aus anderen Ländern: Chinas Straßen, Plätze und Einrichtungen werden von Hunderten Millionen Kameras überwacht.

Auch Google, Amazon und Facebook sammeln Unmengen an privaten Daten. Sie wollen mithilfe von KI ausgefeilte Kundenprofile erstellen, um Werbung gezielter ausspielen zu können. Zusammen mit Apple und Microsoft sind diese drei Unternehmen an der Börse ein Mehrfaches aller 30 im deutschen Aktienindex DAX gelisteten Firmen wert. Kein Wunder, dass sie exorbitante Gehälter bieten und die besten Fachleute aus aller Welt anziehen. Die Folge: Im Silicon Valley in Kalifornien entstehen nach wie vor die wichtigsten KI-Veröffentlichungen, und hier gibt es auch das meiste Risikokapital für Start-up-Unternehmen.

Europa ist daher wie in einer Schraubzwinge zwischen den mächtigen KI-Blöcken USA und China gefangen – nicht nur wirtschaftlich, sondern auch ethisch, weil man weder den Datenzugriff durch private Unternehmen will noch durch den Staat. Den Internetriesen und ihren Endkundengeschäften haben europäische Firmen wenig entgegenzusetzen. Ein zweites Google wird in Europa sicherlich ebenso wenig entstehen wie ein zweites Facebook oder Apple. Doch auf anderen Feldern, insbesondere den Business-to-Business-Anwendungen – also Geschäften zwischen Firmen –, ist das Spiel keineswegs verloren, ganz im Gegenteil. Einsatzgebiete wie Mobilität, Gesundheit, industrielle Fertigung und Umwelttechnologie sind die Stärken Europas, und auch sie können erheblich von KI profitieren.

Gerade hier sind aber sichere, zuverlässige und diskriminierungsfreie KI-Lösungen wichtig: etwa automatisierte Transportsysteme, digitale Assistenten für Ärzte und Anwälte, Roboter, die zu Hause oder in Fabriken direkt mit Menschen zusammenarbeiten, oder auch KI-Systeme, die helfen, Ressourcen zu schonen und nachhaltig zu wirtschaften. Fahrzeuge müssen klare Regeln haben, wie sie sich bei drohenden Unfällen verhalten sollen, und Firmen werden nur dann sensible Informationen austauschen, wenn dies auf sicheren Plattformen geschieht.

Mindestens ebenso wichtig ist jedem Patienten der Schutz seiner intimsten Daten und jedem Kunden bei Banken, Versicherungen oder vor Gericht, dass er oder sie nicht diskriminiert wird. Oder nehmen wir Gebäude, Energienetze und Verkehrssysteme – alle diese Infrastrukturen müssen gegen Hackerangriffe geschützt werden. Wenn es Europas Firmen gelingt, für diese Branchen sichere und ethisch faire KI-Lösungen zu entwickeln, dann werden sie auch anderswo in der Welt beste Chancen haben.

Die Ausgangslage ist nach wie vor gut. So stammt fast die Hälfte der globalen Patente zum autonomen Fahren von deutschen Autofirmen und Zulieferern, nicht etwa aus den USA und China, und die beste Software zur Textübersetzung ist von DeepL aus Köln, nicht von Google. Im Auto- und Maschinenbau, in der Elektrotechnik, der Chemie- und Pharmaindustrie kommen viele Weltmarktführer aus Europa. Insbesondere in Deutschland gibt es zudem über tausend »Hidden Champions« – Firmen des Mittelstands, die auf ihrem Gebiet Weltspitze sind.

Ähnlich gut ist die europäische KI-Forschung. Laut der Scopus-Datenbank entstehen die meisten (wenn auch nicht die einflussreichsten) KI-Fachpublikationen in Europa, mehr als in den USA oder China. Exzellente Zentren gibt es überall: in Süddeutschland rund um Stuttgart, Karlsruhe und München, aber auch in Berlin, Paris und Genua, Madrid, Linz, Amsterdam und Edinburgh, Lugano und Zürich. Das Deutsche Forschungszentrum für Künstliche Intelligenz in Saarbrücken und Kaiserslautern ist das größte KI-Institut der Welt, und Google DeepMind in London hat vermutlich die innovativsten KI-Forscher. Europas Forschungslandschaft, so urteilt das European Political Strategy Centre – die Denkfabrik der EU-Kommission –, sei so vielfältig, dass der »Kontinent als De-facto-Inkubator für andere fungiere«. Insbesondere die US-Firmen würden bevorzugt KI-Forscher aus Europa einstellen.

Das führt allerdings zu einer Knappheit an Fachkräften, die – neben der Problematik, wie sich in Europa mit seinem strikten Datenschutz große Datensätze fürs KI-Training organisieren lassen – die wesentliche Herausforderung darstellt. So gaben 2018 in einer Umfrage rund 60 Prozent der deutschen Firmen an, dass Mitarbeiter mit KI-Kompetenzen derzeit nicht zu bekommen seien. Bildung und Weiterbildung müssen daher der zentrale Schwerpunkt einer zukunftsweisenden KI-Strategie sein. An Schulen und Hochschulen müssen schnell entsprechende Strukturen, Lehrpläne und Ausbildungsgänge geschaffen werden, und es muss Anreize geben, um abgewanderte Fachleute wieder zurückzugewinnen.

Forschungs- und Anwendungszentren für die europäische Zusammenarbeit auf dem Feld der KI sollten staatlich gefördert werden, ebenso Leuchtturmprojekte in Medizin, Umwelt, Verkehr und industrieller Fertigung. Klare gesetzliche Rahmenbedingungen für Sicherheit, Zuverlässigkeit, Datenschutz und Privatsphäre müssen dabei eines der wesentlichen Elemente der europäischen Politik sein. Die neue EU-Kommission will ab 2020 die Themen Digitalisierung und KI mit hoher Priorität angehen. Dass schnell gehandelt werden muss, haben die Akteure in Politik und Wirtschaft inzwischen erkannt, doch es gibt noch viel zu tun, um gegenüber den USA und China nicht weiter an Boden zu verlieren.

Zwar werden im Moment die meisten KI-Investitionen in wohlhabenden Industrie- und Schwellenländern getätigt, aber auch ärmere Länder können erheblich von Künstlicher Intelligenz profitieren – ähnlich wie dies bereits bei der Einführung von Handys geschehen ist, als die Stufe von Festnetztelefonen und Desktop-Rechnern einfach übersprungen und gleich auf Mobilfunk gesetzt wurde. Ob in Laos, Togo oder Somalia: Internetzugang gibt es hier vor allem über Smartphones. Die billigsten sind für weniger als 25 Dollar erhältlich.

In Dörfern, die oft nicht einmal ans Stromnetz angeschlossen sind – wo also Mobilgeräte über Autobatterien oder Generatoren aufgeladen werden müssen –, öffnen Smartphones ein Tor zur Welt: mit Filmen, Musik und Nachrichten, der Pflege sozialer Kontakte, dem Vertrieb selbst produzierter Waren und der Weiterbildung über Videos und elektronische Bücher. Besonders wichtig ist in Ländern, in denen die wenigsten Einwohner ein Bankkonto haben, das bargeldlose Bezahlen per Mobiltelefon. So hat sich das M-Pesa-Verfahren, das 2007 zuerst in Kenia eingeführt wurde, auch in vielen anderen Ländern Afrikas sowie in Indien, Afghanistan und sogar auf den Fidschi-Inseln durchgesetzt.

In Afrika besitzen heute mehr Personen ein Mobiltelefon, als Menschen Zugang zu einer sauberen Trinkwasserversorgung haben. Nach UN-Angaben leben über zwei Milliarden Menschen ohne sicheres Trinkwasser und oft in Gegenden extremer Dürre – ein Problem, das sich durch den Klimawandel noch verschärfen wird. Doch gerade für eine bessere Lebensqualität kann KI wichtige Beiträge leisten. So hat ein Start-up in Brasilien eine KI entwickelt, die automatisch Lecks in Wasserrohren findet – und damit vielerorts helfen kann. In Indien gibt es beispielsweise Leitungsnetze, in denen bis zu 60 Prozent des Wassers auf dem Weg zum Verbraucher versickern. Weltweit gehen jeden Tag 45 Milliarden Liter Wasser verloren – genug, um hunderte Millionen Menschen zu versorgen. Das sind nicht nur unnötige Verluste: Lecks gefährden auch die Wasserqualität, weil Verunreinigungen in die undichten Rohre eindringen können.

Auch bei vielen anderen Problemen kommt KI in ärmeren Ländern bereits zum Einsatz. So prognostiziert in Togo ein selbstlernender Algorithmus, ob und wo es zu Überflutungen eines Flusses kommen wird, und in mehreren Ländern werden Satelliten- und Drohnenaufnahmen mit KI-Systemen ausgewertet, um Hurrikan-Opfer zu versorgen, Getreidefelder zu überwachen oder Wilderern das Handwerk zu legen. In Ghana hilft ein mobiler Dienst Landwirten, indem er Wettervorhersagen, Tipps zur Haltung von Tieren und zur Vermarktung der Produkte aufs Handy schickt – für Analphabeten sogar als Sprachnachricht in fünf lokalen Sprachen. In Indien unterstützt KI Baumwollfarmer mit Prognosen für die Ernte sowie mit Bildanalysen von Schädlingsbefall, was wiederum hilft, Pestizide einzusparen.

Besonders wichtig sind Apps, mit denen Menschen Krankheiten rechtzeitig erkennen, Ärzte finden und sich vor gefälschten Medikamenten schützen können. In Tansania werden Patienten in abgelegenen Gemeinden sogar schon über Smartphone-Apps von Ärzten in der Millionenstadt Daressalam betreut. In Kenia hat ein Unternehmen eine lernende Software entwickelt, die mit Körpermaßen, Fotos und Gesichtserkennung trainiert wurde, um bei Kleinkindern den Grad der

Unterernährung zu ermitteln. Auch kann man heute mit Mobilgeräten viele Vitalwerte – wie Puls, Temperatur, Blutdruck oder Herzrhythmus – messen, und es gibt Ultraschallgeräte, die sich an ein Smartphone anschließen lassen. Läuft dann auf diesem ein KI-Programm mit Empfehlungen für Diagnose und Behandlung, so können selbst rudimentär ausgebildete Krankenpfleger Maßnahmen ergreifen, für die vorher ein Arzt nötig gewesen wäre.

Und in Zukunft wird noch viel mehr machbar sein: So könnte KI den Ausbruch von Epidemien frühzeitig erkennen und helfen, sie schnell einzudämmen. Auch haben Bildungsexperten errechnet, dass in Entwicklungsländern über eine Milliarde Jugendliche erheblich von KI-Technologien profitieren würden, die Lerninhalte an das Niveau jedes Schülers anpassen. Wichtig ist jedoch in jedem Fall, dass KI auch dort entwickelt und angepasst wird, wo sie eingesetzt werden soll. Die Anfänge sind gemacht: Große Firmen wie Google und IBM haben KI-Zentren in Ghana und Kenia eröffnet, viele Lösungen gibt es als Open Source – also mit Quellcode, den jeder nutzen kann –, und in Entwicklungsländern arbeiten inzwischen immer mehr gut ausgebildete junge Leute, die eigene Firmen gründen.

Die Prognosen könnten unterschiedlicher nicht sein: Manche Studien sehen durch Künstliche Intelligenz jeden zweiten Arbeitsplatz bedroht, andere sagen voraus, dass mehr neue Jobs entstehen als alte wegfallen. Über eines zumindest sind sich alle einig: KI wird jeden Beruf verändern – vom Landwirt, der Felder mit Drohnen überwacht, über den Lkw-Fahrer, der auf Autopilot schaltet, bis zum Chirurgen, der mit Roboterhilfe operiert.

Große Wachstumschancen sind unbestritten. Allein die weltweiten Marktvolumina für automatisierte Mobilität, digitale Fabriken, intelligente Gebäude und Energienetze und die Digitalisierung im Gesundheitswesen sollen nach Expertenschätzungen über 1 000 Milliarden Euro pro Jahr betragen. Doch was heißt das für die Arbeitsplätze? Besonders betroffen von der Automatisierung werden Menschen mit Routinetätigkeiten sein, egal ob am Fließband oder im Büro, in der Buchhaltung, der Logistik oder im Einzelhandel. Denn welcher Anwalt wird noch einen Gehilfen beschäftigen, der sich durch Urteile wühlt, wenn die KI dies ebenfalls kann? Wie viele Menschen werden noch Lagerbestände erfassen oder Verkaufsstatistiken erstellen? Und wer braucht noch Laboranten, die in Gewebeproben Krebszellen identifizieren, wenn das auch eine gute Bildverarbeitung leistet?

Die meistzitierte Studie über die Auswirkungen von KI und Robotik stammt von den zwei Oxford-Wissenschaftlern Carl B. Frey und Michael A. Osborne, die im Jahr 2013 über

700 Berufsfelder in den USA untersuchten. Laut diesen Wissenschaftlern könnten 47 Prozent der Beschäftigten binnen 20 Jahren durch Maschinen ersetzt werden. Eine aktuellere Studie der OECD aus dem Jahr 2018 setzt die Effekte weit geringer an: Danach hätten in Deutschland etwa 18 Prozent ein hohes Risiko, ihren Job zu verlieren, und bei weiteren 36 Prozent würden sich Arbeitsinhalte erheblich verändern. Noch weniger problematisch sieht es das Zentrum für Europäische Wirtschaftsforschung (ZEW) in Mannheim: Dessen Fachleute attestieren 12 Prozent der heutigen Berufe, dass sie überwiegend aus Tätigkeiten bestehen, die zu einem hohen Maße von Maschinen übernommen werden können.

Das beträfe etwa fünf Millionen Arbeitsplätze, aber in Wirklichkeit sind es noch weniger, denn es ist unklar, bei wie vielen Jobs sich eine Automatisierung wirtschaftlich überhaupt lohnt, ob sie sozial akzeptiert wird und ob es keine rechtlichen Hürden gibt. So könnte zwar der Job eines Kellners automatisiert werden, aber wer will in einem guten Restaurant nur von Maschinen bedient werden? Beim Einsatz von Flugtaxis ohne Piloten sind die juristischen Fragen sicher so gravierend wie die technischen – und Ärzte werden zwar verstärkt Computer-Assistenten nutzen, aber das bedeutet ja nicht, dass der Arztberuf künftig durch Roboter ausgeübt wird.

Dennoch wird es zu erheblichen Verwerfungen kommen, weil immer öfter Maschinen Routinetätigkeiten übernehmen – vor allem wenn es um Messdaten, Bilder, Sprache und Texte geht. Die beim Menschen verbleibenden Arbeiten finden sich dann sowohl in niedrigen wie in hohen Einkommensgruppen. Das sind auf der einen Seite manuelle Tätigkeiten, die ein situationsangepasstes Verhalten erfordern – wie etwa die von Friseuren, Pflegekräften oder Lkw-Fahrern –, und auf der anderen Seite alles, wofür man Flexibilität, Kreativität und problemlösendes Denken braucht: beispielsweise bei Managern, Juristen, Designern oder Forschern.

Menschen werden weiterhin als Planer und Entscheider gebraucht, als Motivatoren und Konfliktlöser sowie als diejenigen, die Qualität und Sicherheit gewährleisten und einfühlsam – also mit emotionaler und sozialer Intelligenz – mit Kunden und Partnern kommunizieren. Allerdings wird von jedem Einzelnen mehr Initiative und Flexibilität verlangt. Die Jobs werden schwieriger und stressiger, ähnlich wie bei Piloten, die vor allem dann gefordert sind, wenn die Situation heikel wird und der Autopilot Fehler macht.

Künftig werden sich die Anforderungen an einen Job noch schneller ändern als bisher. Nach einer aktuellen Studie des Instituts für Arbeitsmarkt- und Berufsforschung (IAB) in Nürnberg könnten durch Computer, Roboter und selbstlernende Maschinen bis 2025 rund 1,5 Millionen Arbeitsplätze in Deutschland wegfallen, aber zugleich würden etwa gleich viele neu geschaffen – allerdings oft in anderen Berufsfeldern. Diesen Wandel zu managen wird eine große Herausforderung.

Etliche Arbeitsplätze, die einst wegen der niedrigeren Löhne nach Asien verlagert wurden, könnten sogar wieder nach Mitteleuropa zurückkommen, weil es hier die am besten ausgebildeten Menschen gibt. Die bessere Bezahlung spielt dann eine geringere Rolle, wichtiger ist, dass man nahe beim Kunden ist und für ihn möglichst individuell fertigen kann – und dass man mit den smarten Maschinen gut umgehen kann. Erfolgreich werden diejenigen sein, die Maschinen optimal als Assistenten einsetzen, also mit ihnen arbeiten statt gegen sie.

Dass Maschinen die Arbeitswelt massiv verändern, ist nicht neu. Bereits vor 200 Jahren, nach Einführung der mechanischen Webstühle, kam es in England zum Aufstand der Maschinenstürmer. Auch in den 1980er-Jahren wurde massiv protestiert, damals gegen Roboter in Fabriken und gegen computergestützte Verfahren in Druckereien. Der Wandel kam dennoch: Der klassische Schweißer in der Autofertigung existiert ebenso nicht mehr wie der Schriftsetzer im Verlag oder die Telefonistin im Fernsprechamt. Stattdessen gibt es Mechatroniker, Produktionstechnologen, Mediengestalter und Informatiker. Allein in der Software-Entwicklung sind heute weltweit mindestens 20 Millionen Menschen tätig – ein Beruf, der Anfang der 1980er-Jahre noch gar nicht existierte. Der Siegeszug des Computers hat zwar viele Sekretärinnen und Sachbearbeiter überflüssig gemacht, aber dennoch nach ZEW-Berechnungen seit 1995 die Beschäftigtenzahlen in Deutschland sogar erhöht: um 0,2 Prozent pro Jahr. Zum einen, weil die oft exportstarken Firmen wegen der Automatisierung wettbewerbsfähiger wurden und zum anderen dank eines »Multiplikator-Effekts«: Ihre Mitarbeiter haben mehr Geld in der Tasche und geben es aus – was wiederum neue Jobs schafft.

Im KI-Zeitalter wird es also entscheidend sein, wie gut es gelingt, Menschen weiterzubilden und für andere, eventuell sogar ganz neue Berufe zu begeistern. Und in Deutschland ist zudem die demografische Entwicklung nicht zu vergessen: Ab 2020 werden immer mehr Menschen der geburtenstarken Babyboomer-Jahrgänge ins Rentenalter kommen – in den nächsten zwei Jahrzehnten wird bei uns die Zahl der erwerbsfähigen Menschen zwischen 15 und 69 Jahren um rund sieben Millionen abnehmen. Es wird daher eher ein Problem sein, genügend Fachkräfte zu finden, als ausreichend Jobs zu haben.

Was sollen Kinder heute lernen, und welche neuen Berufe wird es morgen geben?

Mehr denn je wird in Zukunft die grobe Regel gelten: Je höher der Ausbildungsgrad, desto geringer das Risiko, den Arbeitsplatz an eine schlaue Maschine zu verlieren. Eine Studie des Zentrums für Europäische Wirtschaftsforschung besagt: Das Risiko, dass typische Tätigkeiten automatisiert werden können, liegt bei Beschäftigten mit Universitätsabschluss bei 25 Prozent – bei Menschen mit geringer Bildung erreicht es hingegen schon 80 Prozent.

Bildung ist zweifellos der Schlüssel. Doch ebenso wichtig ist, *was* die Menschen lernen. In der Ära der Künstlichen Intelligenz müssen in Aus- und Weiterbildung vor allem die Kompetenzen vermittelt werden, über die Maschinen auf absehbare Zeit nicht verfügen werden: Erfindungsreichtum und Flexibilität, ganzheitliches und unkonventionelles Denken, Sozialkompetenz und Empathie, Arbeiten in internationalen Teams und Allgemeinbildung – nicht so sehr das Detailwissen. Statt nur Fakten zu pauken, müssen Schüler vielmehr lernen, sie zu bewerten und einzuordnen. Was die Feldherren im Dreißigjährigen Krieg eroberten, kann man auch im Internetlexikon nachlesen. Wesentlich wichtiger ist es zu erarbeiten, warum die Konflikte entstanden und welche Auswirkungen sie bis heute haben. Oder nehmen wir die KI selbst: Dieses Thema sollte man nicht nur in technischen Fächern diskutieren, sondern ebenso in Ethik, Philosophie, Geschichte sowie in Wirtschafts- und Sozialwissenschaften, weil die kommenden Umbrüche die ganze Gesellschaft betreffen werden.

Jugendlichen sollte vermittelt werden, dass sie in der Welt von morgen vor allem dann erfolgreich sein können, wenn sie gelernt haben, smarte Maschinen als Assistenten zu nutzen – Angst vor der KI wäre völlig fehl am Platz. Eine Pionierschule ist beispielsweise das Bertha-von-Suttner-Gymnasium in Neu-Ulm: Flächendeckendes WLAN ist hier ebenso üblich wie mit Stiften bedienbare Tablets und Lehrinhalte in der Internet-Cloud. Recherchekompetenz wird in allen Fächern vermittelt, um Fake News geht es in Deutsch, um Gefahren und Risiken digitaler Medien auch in Ethik. Roboterkurse – vom Lego-Roboter bis zu komplexen Nao- und Pepper-Robotern – gibt es mitsamt internationalen Wettbewerben von der Unter- bis zur Oberstufe. Fast ein Drittel aller Schüler nimmt begeistert daran teil, darunter keineswegs nur Jungen, sondern auch viele Mädchen.

Eine Studie der Duke University in North Carolina prognostiziert, dass zwei Drittel der heutigen Kinder künftig in Berufen arbeiten werden, die es derzeit noch gar nicht. Aber das ist nicht ungewöhnlich: Wer in den 1970er-Jahren zur Schule ging, arbeitet heute vorwiegend in Jobs, die damals nicht existierten, etwa in der Software-Entwicklung. Auch heute gibt es viele neue Chancen, vor allem zwischen unterschiedlichen Berufsfeldern. Beispiel Biochips: Wer Mikrochips für das Innere des menschlichen Körpers entwerfen will, der muss nicht nur etwas von Elektronik, KI und Kommunikationstechnik verstehen, sondern auch von Medizin und Biologie. Solche zukunftsträchtigen Ausbildungsgänge müssen erst noch geschaffen werden.

Oder nehmen wir die Roboter: Wenn sie Sprache, Gestik und Mimik interpretieren sollen, dann müssen ihre Konstrukteure nicht nur Robotertechnik beherrschen, sondern auch wissen, wie Menschen kommunizieren und wie man Maschinen mit hoher Benutzerfreundlichkeit baut. Ebenso braucht man künftig spezialisierte Lehrer für Maschinen, so wie heute für Menschen, denn auch Maschinen können Falsches lernen. Außerdem werden Experten für Datenschutz und Privatsphäre gefragt sein und solche für einen sicheren Betrieb der Maschinen. Es wird Neurochip-Entwickler geben, vielleicht auch KI-Forensiker und KI-Psychiater, also Experten, die Fälschungen durch KI – mithilfe von KI – aufspüren und wissen, wie man Verhaltensstörungen der Maschinen behebt. Auch Neural Art Designer ist ein Zukunftsberuf: Künstler, die mit KI Musikstücke, Gemälde oder Virtual-Reality-Erlebniswelten gestalten.

Wesentlich ist neben einer guten Bildung vor allem Flexibilität, denn niemand sollte damit rechnen, dass er einen erlernten Beruf ein Leben lang ausüben kann. Auch die Arbeitsformen werden sich massiv ändern. Viele werden als selbstständige Clickworker arbeiten, die über Onlineplattformen ihre Dienste anbieten. Wo und wann die Arbeit erledigt wird, verliert an Bedeutung. Gewohnte Strukturen werden aufgebrochen, virtuelle Teams werden weltweit vernetzt tätig sein, es entstehen firmen- und grenzübergreifende Arbeitsmodelle. Kurz: Die Arbeitswelt wird sich erheblich wandeln, aber darin stecken mindestens so viele Chancen wie Risiken.

19

Maschinen machen unsere Arbeit – ist das nicht wie im Schlaraffenland? ←

Wenn Maschinen dank Künstlicher Intelligenz den Menschen alle lästigen, langweiligen, schmutzigen und gefährlichen Arbeiten abnehmen, scheint ein lang gehegter Wunsch der Menschheit wahr zu werden: Wir können endlich machen, was wir schon immer tun wollten: reisen, relaxen, das Leben genießen. Doch so einfach ist es nicht. Zunächst werden KI-Systeme Routineaufgaben übernehmen, die überwiegend von der Mittelschicht der Arbeitnehmer durchgeführt wurden – es trifft also weder die Hochqualifizierten noch die Geringverdienenden. Erstere können durch die Maschinen auf absehbare Zeit nicht ersetzt werden, und bei Letzteren wäre es zu teuer. Solange ihre Arbeitskraft billiger ist als die Anschaffungs- und Betriebskosten von Maschinen, werden sie ihren Job behalten.

Dies bedeutet aber, dass die Einkommensschere weiter auseinanderdriftet. Während die Hochqualifizierten sehr gut bezahlt werden, hat die Mittelschicht nur die Wahl, sich durch Weiterbildung nach oben zu arbeiten oder in die Gruppe der Geringverdiener abzurutschen. Der Wohlstandszuwachs, der durch die Maschinen ausgelöst wird, würde bei den meisten Menschen gar nicht ankommen. Von der Wertschöpfung würden nur diejenigen profitieren, die die KI-Systeme entwickelt haben und denen sie gehören. Statt eines Schlaraffenlands wäre sozialer Sprengstoff vorprogrammiert.

Was tun? Ein naheliegender Ausweg ist eine Abgabe in Form einer Automatisierungsdividende, die sich aus dem Gewinn errechnet – oft als »Maschinensteuer« bezeichnet.

Damit würden sich diejenigen Firmen verstärkt an den Sozialkosten beteiligen, die Arbeitsplätze durch KI und Roboter wegrationalisieren. Dieses Geld könnte der Staat in Bildung, Infrastrukturausbau oder ein allgemeines Grundeinkommen stecken. Das Problem: Es muss genau austariert werden, wie man diese Gewinnabschöpfung ausgestaltet, damit nicht Innovationen gebremst und erfolgreiche Unternehmen, die Arbeitsplätze schaffen, behindert werden.

Oft hört man auch die Befürchtung, dass die Maschinen immer klüger werden und wir immer dümmer, wenn wir ihnen zu sehr vertrauen. Lassen wir uns von KI entmündigen? In der Tat gehen mit jeder Neuerung alte Fähigkeiten verloren. Wer kann noch gotische Kathedralen bauen, wer kennt die Rezepturen der Kräuterkundler, und wer kann die ganze *Ilias* oder *Odyssee* aufsagen? Und doch glauben wohl die wenigsten, dass wir heute dümmer sind als die Menschen im Mittelalter oder der griechischen Antike.

Das menschliche Gehirn ist ungeheuer flexibel: Es passt sich an seine Umgebung an, lernt, was notwendig ist, und nutzt freie Kapazitäten mit Begeisterung für neue Dinge. Wie schnell haben Kinder in den 1990er-Jahren gelernt, mit Computern, Handys und Internet umzugehen, wie freudig haben Jugendliche 15 Jahre später die sozialen Netzwerke angenommen! Sollten wir dann nicht erwarten, dass die heute Geborenen keine großen Probleme damit haben werden, KI-Systeme aller Art in Zukunft in ihren Alltag zu integrieren?

Doch natürlich kann es nicht das Ziel sein, alles den Maschinen zu überlassen, nur noch Partys zu feiern und sich in virtuellen Welten zu verlieren. Das wird schnell langweilig. Menschen suchen Sinn im Leben, sie wollen gebraucht werden. Wenn Maschinen lästige Routinen übernehmen, dann kann das in der Tat neue Freiheiten eröffnen: Kreative Menschen haben mehr Zeit, Bilder zu malen, zu musizieren oder

Schmuck zu designen. Sozial Engagierte können sich öfter um Kinder, Alte und das Gemeinschaftsleben kümmern, andere würden vielleicht forschen und spielerisch Neues entwickeln.

Wenn dies aber die genuinmenschlichen Fähigkeiten sind, dann sollte man den Diskurs über Vor- und Nachteile der KI auch nutzen, um über den Wert von Arbeit neu nachzudenken. Wieso wurden eigentlich bisher die Tätigkeiten besser bezahlt, die nun immer mehr auch die Maschinen können? Worüber wollen wir uns als Menschen definieren? Müssten es nicht vor allem die Fähigkeiten sein, die Maschinen nicht haben: Kreativität und Erfindungsreichtum, Kunst, Kultur und Philosophie und all das, was viel Sozialkompetenz erfordert, wie Motivieren und Konflikte lösen? Müsste das dann nicht endlich auch entsprechend honoriert werden?

20

Werden wir in einer Gemeinschaft von Menschen und smarten Maschinen leben?

Wer einen Blick in ein Zukunftslabor für Künstliche Intelligenz und Robotik werfen will, muss nur nach Japan reisen. Dort gibt es etwa die Firma Glory, die Geldsortiermaschinen herstellt: Hier arbeiten humanoide Roboter direkt mit Menschen zusammen – jeder von ihnen hat einen eigenen Namen, und sie machen sogar die Gymnastikübungen beim morgendlichen Arbeitsbeginn mit.

Die Roboter-Robbe Paro, die individuell auf Streicheln reagiert, wird in Japan seit über 15 Jahren zur Beruhigung von Demenzkranken eingesetzt. Etliche Roboter führen Besucher durch Museen, Kreuzfahrtschiffe oder Elektromärkte, sie mixen in Bars Getränke, und testweise wurden schon menschenähnliche Androidinnen in Geschäften als Verkaufsdamen eingesetzt. Sie fragten die Kunden, welche Kleidungsstücke sie suchten, und erklärten, welche Auswahl an Farben, Designs und Größen es gab – mit großem Erfolg, denn in Japan haben Kunden eher Hemmungen, sich an eine menschliche Verkäuferin zu wenden.

Nicht alles funktioniert jedoch so gut. Ein Beispiel sind die Hotels der Henn-na-Kette, die seit 2015 fast ausschließlich auf Roboter setzten. An der Rezeption begrüßten hier eine japanisch gekleidete Roboter-Dame oder ein höflicher Dinosaurier, automatische Wägelchen transportierten die Koffer, und in jedem Zimmer gab es Roboter-Puppen, etwa für den Weckdienst. 2019 musste die Hotelleitung allerdings mehr als die Hälfte ihrer über 240 Roboter entlassen und wieder auf Menschen zurückgreifen, weil die Roboter mehr Arbeit verursachten, als sie tatsächlich leisteten.

Dennoch sind japanische Forscher überzeugt, dass wir künftig in einer Gemeinschaft von Menschen und smarten Maschinen leben werden. Ihr erklärtes Ziel ist es, mithilfe von Robotern insbesondere Senioren so viel Autonomie wie möglich zu geben. Bis 2050 wird sich weltweit die Zahl der Menschen über 65 auf 1,5 Milliarden mehr als verdoppeln – und Japan ist das am stärksten alternde Land. Für die Betreuung der Senioren werden daher nicht nur Familienangehörige und Millionen von Pflegekräften gebraucht, sondern auch Roboter, vor allem als Gesprächs- und Spielpartner. Denn gerade bei älteren Menschen ist die Fähigkeit der KI-Maschinen zur Konversation oft noch wichtiger als die physische Unterstützung.

Manche Wissenschaftler wie der Androiden-Pionier Hiroshi Ishiguro gehen noch weiter, wenn sie sagen, dass Androiden nicht nur Assistenten, sondern echte Freunde des Menschen sein sollen, und dass man sich in Roboter sogar verlieben könne. Bei Ishiguros Schöpfungen wie Geminoid F und Erica – beides Maschinen-Klone attraktiver junger Damen – wäre eine solche Vorstellung nicht einmal abwegig, aber dennoch lehnen die meisten Forscher, vor allem in westlichen Ländern, solche Entwicklungen ab. Der Grund: Schon heute gibt es immer mehr Jugendliche, die eher per Smartphone kommunizieren und sich in virtuellen Welten bewegen, als sich im richtigen Leben zu treffen. Androiden, die alle Wünsche erfüllen, könnten eine erhebliche Gefahr für das soziale Zusammenleben darstellen.

Sicherlich wird die Zahl der Serviceroboter stark wachsen, aber das müssen keine Androiden sein. Gefragt sind eher leistungsfähige Maschinen, die putzen oder das Zimmer aufräumen oder denen man zum Beispiel beim Decken eines Tischs sagen kann: »Jetzt halt bitte das Tischtuch hier fest und dann zieh dort an der Ecke« – solche Alleskönner werden allerdings wegen der enormen technischen Schwierigkeiten frühestens in einigen Jahrzehnten Realität werden.

Doch auch schon in näherer Zukunft werden wir überall so stark von smarten Maschinen umgeben sein, dass wir sie oft gar nicht mehr als solche wahrnehmen: Smart Cars bringen das automatisierte Fahren, Smart Homes ein komfortables Zuhause, Smart Factories und Smart Offices machen Unternehmen flexibler und wettbewerbsfähiger. Smart Health unterstützt Ärzte, Smart Finance hilft der Finanzwirtschaft, Smart Grids brauchen wir für eine nachhaltige Energiewende, und Smart Cities sollen Städte lebenswerter machen. In diesem Sinne wird die Gemeinschaft zwischen Mensch und Maschine für uns so selbstverständlich werden, wie es heute die Smartphones sind.

21

Bedeutet Künstliche Intelligenz das Ende der Privatsphäre?

Zweifellos hat sich das Konzept der Privatsphäre in den vergangenen 35 Jahren gewandelt. In den 1980er-Jahren protestierten in Deutschland Millionen gegen die Volkszählung, teils mit drastischen Warnungen vor einem »gläsernen Bürger« – doch seit es die sozialen Netzwerke gibt, stellen sich viele Menschen selbst ins Schaufenster und lassen via YouTube, Instagram, Facebook & Co. die Welt an ihrem Leben teilhaben. Nicht allen ist klar, wie sehr sie dabei selbst zur Ware werden: Personenbezogene Daten sind die Gold-Nuggets des Internets.

Aus sozialen Kontakten, Suchanfragen, dem Konsum- und Bewegungsverhalten, der Tageszeit, dem Einwahlort, aus öffentlichen Äußerungen und Likes erstellen Algorithmen Persönlichkeitsprofile und Empfehlungen für Kaufprodukte, Videos oder auch die Meldungen, die im Newsfeed angezeigt werden – mal mehr, mal weniger sinnvoll. Auf jeden Fall lässt sich mit dem tiefen Eindringen in die Privatsphäre viel Geld verdienen.

Wie weit so etwas gehen kann, belegte bereits 2012 der berühmte Fall, als die Supermarkt-Kette Target einer jungen Frau in Minnesota Gutscheine für Schwangerschaftsprodukte schickte. Daraufhin beschwerte sich deren Vater: Seine Tochter sei minderjährig und noch in der Highschool. Doch die KI wusste tatsächlich eher als der Vater, dass das Mädchen schwanger war. Sie hatte mehr Geld für unparfümierte Körpercremes ausgegeben und Nahrungsergänzungsmittel wie

Kalzium, Magnesium und Zink gekauft. Aus dem Tracking dieser und einiger anderer Produkte ergab sich ein klarer Hinweis auf eine Schwangerschaft – der Algorithmus konnte sogar den wahrscheinlichen Geburtstermin errechnen. Formal wurde dabei nicht einmal die Privatsphäre verletzt: Die Bedingungen der Kundenkarte erlaubten eine derart zielgerichtete Datenauswertung.

Wer meint, dass dies ein Extremfall ist, irrt: Es ist erst der Anfang. Millionenfach lauschen intelligente Lautsprecher wie Alexa den Gesprächen in Wohnzimmer, Schlafzimmer und Küche, um auf Sprachbefehle reagieren zu können. Auch wer gesünder leben will, ist oft unvorsichtig. Da messen smarte Uhren die Bewegung, den Puls, den Blutdruck und das Schlafverhalten, und dann werden all diese intimen Daten in einer Cloud gespeichert und ausgewertet – ohne dass der Nutzer weiß, wer vielleicht noch mitliest.

In immer mehr Autos überprüfen Sensoren den Fahrstil, beispielsweise anhand von Daten, wie rasant jemand die Kurven nimmt oder wie stark beschleunigt und wie heftig gebremst wird. Bis zu 30 Prozent kann der Fahrer bei seiner Kfz-Versicherung sparen, wenn er wenig riskant unterwegs ist. Kameras können zudem feststellen, ob dem Fahrer die Augen zufallen, und Forscher haben sogar KI-Systeme entwickelt, die erkennen, ob der Fahrer gestresst oder aggressiv am Steuer sitzt. Die Software soll ihm dann vorschlagen, vielleicht lieber eine Pause zu machen.

Es gibt auch Algorithmen, die aus dem Chatverhalten von Personen auf ihre Team- und Führungsfähigkeit schließen, und mehr noch: Aus der Art und Weise, wie jemand das Internet nutzt, kann eine KI Hinweise auf psychische Erkrankungen ableiten. So sollen depressionsgefährdete Menschen überdurchschnittlich häufig Mails und Tweets verschicken, viel chatten und schnell zwischen Webseiten hin und her wechseln.

Manche Firmen erstellen umfassende Kundenprofile über Mediengattungen hinweg: vom Smartphone bis zum Smart-TV. Da hilft auch die Anonymisierung von Daten wenig, denn für intelligente Algorithmen ist es gar nicht so schwer, Personen in anonymisierten Datensätzen zu identifizieren. Zur Meisterschaft bringen es Geheimdienste wie die NSA in den USA oder in Großbritannien das GCHQ. Sie zapfen die Glasfaserkabel an, über die ein Großteil des weltweiten Internetverkehrs läuft. Ihr Ziel: von jedem Internetnutzer zu wissen, auf welche Dienste er zugreift, und für jede Webseite genaue Profile über deren Besucher zu gewinnen.

Auch Privatleute könnten in Zukunft viel über ihre Mitmenschen erfahren. Das zeigte ein Versuch an der Carnegie Mellon University in Pittsburgh, bei dem Forscher fast jeden dritten Passanten allein dadurch erkannten, dass sie sein Bild mit öffentlich verfügbaren Fotos bei Facebook verglichen. Wenn man den Namen weiß, lassen sich meist auch Geburtstag, Wohnort, Vorlieben und vieles mehr ermitteln. In ein paar Jahren, so warnen die Wissenschaftler, könnte vielleicht jeder mithilfe von »intelligenten Kontaktlinsen« von einer Person, die er gerade anschaut, alle verfügbaren Daten abrufen und sich in sein Gesichtsfeld einblenden lassen, ohne dass der Beobachtete dies überhaupt merkt.

Auch für Strafverfolgungsbehörden ergeben sich ganz neue Möglichkeiten: Aus winzigen Proben von Hautschuppen, Blut, Sperma oder Speichel lassen sich Anlagen für Erbkrankheiten ebenso ableiten wie die vermutliche Augenfarbe und das ungefähre Alter einer Person. Sogar ob sie glattes Haar besitzt und mit welcher Wahrscheinlichkeit sie aus Afrika, Ostasien oder Europa stammt, können Fachleute erkennen. Künftig genügt vielleicht sogar eine DNA-Probe für ein 3D-Phantombild. Gene, die für die Nasenform und den Augenabstand wichtig sind, haben Forscher bereits identifiziert.

Aus Daten wie Ort, Tatzeit, Beute und Vorgehen kann eine KI Muster – etwa von Einbrecherbanden – herausfiltern und prognostizieren, wo es zu Folgetaten kommen könnte. Dieses »Predictive Policing« wird schon immer öfter eingesetzt. In Mannheim gibt es zudem seit Dezember 2018 ein Projekt, für das Dutzende von Kameras an öffentlichen Plätzen an eine intelligente Videoüberwachung angeschlossen wurden. Dabei sollen dank KI automatisch Übergriffe wie Treten, Schlagen oder Würgen erkannt und Polizisten schnell alarmiert werden. Die erste Bilanz fiel positiv aus: Es seien nicht nur Körperverletzungen, sondern auch Diebstähle und Drogendelikte erfasst worden, meldet die Polizeibehörde.

Ethisch äußerst bedenklich wird es, wenn lernende Algorithmen eingesetzt werden, um aus Daten einer bestimmten Person – etwa Vorstrafen, Zeugnissen, Jobs, Einkaufsverhalten, Kreditwürdigkeit oder Hasstiraden im Internet – auf ihre Neigung zu Verbrechen zu schließen. In Deutschland wäre so etwas illegal, aber in Großbritannien und den USA wurden bereits KI-Programme getestet, die Wahrscheinlichkeitsangaben darüber machen, ob etwa Mitglieder einer Gang erneut Gewalttaten begehen würden.

Weiter, als es sich George Orwell in *1984* träumen ließ, geht »Big Brother is watching you« in China. Mit dem Ziel des »moralisch einwandfreien« Bürgers wird derzeit mithilfe von Internetfirmen und KI der sogenannte »Citizen Score« eingeführt. Jeder Chinese erhält ein Punktekonto, das darüber entscheidet, zu welchen Konditionen er einen Kredit erhält, ob er bestimmte Berufe ausüben, wo er wohnen und wohin er mit welchen Verkehrsmitteln reisen darf. Die Punktzahl errechnet sich daraus, ob man sich an Gesetze hält, wie man seine Steuern bezahlt und seine Kredite bedient, aber auch aus dem Einkaufsverhalten und daraus, welche Webseiten man besucht und was man in sozialen Netzwerken schreibt.

Beim Social-Media-Dienst WeChat, der täglich von einer Milliarde Chinesen genutzt wird, ist die Zustimmung zur Weitergabe nahezu aller Informationen an die chinesischen Behörden sogar Teil der Datenschutzerklärung. Dieser Tausch von persönlicher Freiheit gegen Komfort und Sicherheit ist in China kaum umstritten, nicht zuletzt weil man hofft, dass damit auch Kriminalität und Korruption zurückgedrängt werden. Doch Übertreibungen sind an der Tagesordnung: In Shenzhen beispielsweise nutzt die Verkehrspolizei KI-Software zur Gesichtserkennung dazu, Personen, die bei Rot die Straßen überqueren, gleich mit Bild und Familiennamen auf großen LED-Monitoren bloßzustellen.

Durch den Zugriff auf immense Datenmengen gewinnt China nicht nur immer mehr Kontrolle über die Privatsphäre seiner Bürger, sondern verschafft sich auch wirtschaftliche Vorteile. KI-Verfahren wie die Gesichtserkennung werden besser, je mehr Trainingsdaten zur Verfügung stehen, und mit Hunderten von Millionen Überwachungskameras ist das in China natürlich kein Problem. Ähnlich in der Medizin: An je mehr Patientendaten eine KI lernen kann, desto präziser sind ihre Diagnose- und Therapie-Empfehlungen. Der in Deutschland und Europa entwickelte Datenschutz mit seinen Prinzipien der Datensparsamkeit, Zweckbindung und informierten Einwilligung steht – anders als in China – einem solchen breiten Einsatz entgegen.

Kann man etwas tun, um die Vorteile der KI zu nutzen und zugleich die informationelle Selbstbestimmung zu bewahren? Eine gute Idee stammt vom Deutschen Ethikrat: das Modell der Datensouveränität. Danach könnte jeder Bürger künftig von einem zertifizierten Daten-Treuhänder vertreten werden. In seinem Auftrag würde ein Daten-Agent ständig die Netze durchforsten, um herauszufinden, wo unsere Daten wie verwendet werden. Wir würden ihm vorher unsere Einstellungen mitteilen, etwa, dass wir nicht wollen, dass unsere Daten bei Wähleranalysen eingesetzt werden. Stellt der digitale Agent eine Verletzung dieser Prinzipien fest, meldet er es an den Treuhänder, der dann Einspruch erhebt. Das wird alles dank KI zwischen den Maschinen im Millisekundentakt verhandelt – wir brauchen uns um die Details nicht zu kümmern und könnten es bei der Unmenge möglicher Datennutzer auch gar nicht.

Eine derart verantwortungsvolle KI, die dem Schutz der Privatsphäre einen hohen Rang beimisst, könnte ein Alleinstellungsmerkmal Europas gegenüber China und den USA werden und würde sicherlich weltweit von vielen Menschen und Firmen geschätzt. Denn die Haltung »Ich habe nichts verbrochen, und daher darf jeder wissen, was ich tue« funktioniert nicht. Das zeigt schon die 200 Jahre alte Idee des Panopticon: ein rundes Gefängnis mit einem Turm in der Mitte, von dem aus Wächter – ohne selbst gesehen zu werden – alle Details in den Zellen beobachten können. Diese totale Transparenz und die permanent mögliche Kontrolle verletzen eklatant die Menschenwürde. Denn sie führen nicht nur zu einem extrem regelkonformen Verhalten, sondern auch zu ständiger Angst, Verhaltensstörungen und Depressionen bei den betroffenen Menschen.

22

Kann uns Künstliche Intelligenz perfekt manipulieren?

Einen guten Einblick, wie Künstliche Intelligenz Millionen von Menschen manipulieren kann, lieferte der Skandal um Facebook und die britische Datenanalyse-Firma Cambridge Analytica, die 2018 Insolvenz anmelden musste. Der Grund: Sie hatte über einen Persönlichkeitstest, an dem Hunderttausende von Menschen teilgenommen hatten, unberechtigterweise Zugriff auf private Daten von deren Facebook-Freunden erhalten – 87 Millionen Personen. Basis des Tests war das bewährte OCEAN-Modell, das die Persönlichkeit eines Menschen nach fünf Skalen einteilt: Offenheit, Gewissenhaftigkeit, Extraversion, Verträglichkeit und Neurotizismus.

Psychologen stellen dabei Fragen wie: Sind Sie Neuem gegenüber aufgeschlossen? Wie perfektionistisch sind Sie? Wie gesellig, wie rücksichtsvoll? Sind Sie leicht verletzlich? Solche Charakterisierungen sind für Marketing-Experten äußerst wertvoll, weil sie ein Microtargeting erlauben, also eine maßgeschneiderte personalisierte Werbung – sowohl für Produkte wie für politische Parteien. Ein Beispiel: Will man in den USA eine Verschärfung der Waffengesetze verhindern, so kann man versuchen, ängstliche Väter und Mütter mit dem Argument der Sicherheit ihrer Kinder zu überzeugen, während man Konservativen vielleicht ein Bild voller Wildwestromantik und Draufgängern ein entsprechend aufgemachtes Sportschützen-Video zeigt.

Mehr noch: Studien belegen, dass man für die Einschätzung der Persönlichkeit mithilfe trainierter KI-Systeme gar keine ausgeklügelten Tests braucht: Schon 50 bis 100 Tweets, WhatsApp-Äußerungen oder Facebook-Likes reichen aus. Michal Kosinski, einer der Entwickler der Methode, behauptet sogar, dass man aus durchschnittlich 68 Likes mit hoher Wahrscheinlichkeit vorhersagen könne, welche Hautfarbe jemand hat, ob er oder sie homosexuell ist und welche Partei diese Person bevorzugt. Eingesetzt wurde das Microtargeting sowohl im US-Wahlkampf 2016 für die Republikaner als auch in der Kampagne für den Brexit – mit welchem Erfolg, lässt sich nicht exakt beurteilen, aber immerhin gewann in beiden Fällen die Partei, die diese Art der Wählerbeeinflussung massiv nutzte.

Noch spektakulärer wird es, wenn Bild und Ton manipuliert werden. Beispielsweise haben Forscher Fotos nicht existierender Models erstellt. Sie mussten der KI nur sagen, welches Geschlecht und Alter, welche Haarfarbe und ethnische Zugehörigkeit und welchen emotionalen Gesichtsausdruck das Model haben sollte, und schon generierte der Computer aus Tausenden Bildern realer Menschen eine vollendete Schönheit.

Andere KI-Verfahren können die Stimmen realer Menschen nachbilden und täuschend echt sprechen. Vielleicht könnten Gauner dann bald Computer für den perfekten Enkeltrick nutzen, um alten Menschen die Stimme ihrer Lieben vorzuspielen und ihnen das Geld aus der Tasche zu ziehen. Mit Bildbearbeitungsprogrammen wurden auch schon Prominente in Pornofilme montiert, und im Internet gibt es sogar ein Video von Barack Obama, in dem er seinen Nachfolger beschimpft – als perfekt gemachtes Fake des Oscarpreisträgers Jordan Peele, der damit zeigen wollte, wie wenig man Internet-Quellen vertrauen kann. Ein normaler Beobachter kann die Fälschung nicht mehr erkennen, dafür braucht man Spezialisten, die – wiederum mit KI-Hilfe – die Videos im Detail analysieren.

Diese sogenannten Deepfakes von Politikern zu erstellen, ist besonders einfach, denn von ihnen gibt es im Netz viele Videos, mit denen man eine KI trainieren kann. Was würde wohl passieren, wenn der US-Präsident in einem Fake-Video einen Angriff auf Iran oder Nordkorea ankündigt? Aufgrund solcher Albtraumszenarien geben Behörden derzeit viele Millionen Dollar aus, um Manipulationen zu bekämpfen.

Beispielsweise können Fälscher Gesichter vertauschen oder nur die Mundregion manipulieren, um jemanden vorgegebene Sätze sagen zu lassen. Die weltweit größte Datenbank mit Tausenden solcher Deepfakes haben Forscher um Matthias Nießner von der Technischen Universität München erstellt. Damit können Wissenschaftler ihre Detektionsmethoden testen. So gibt es Verfahren, die Lichtreflexionen überprüfen oder die typische Bewegung von Lippen und Hautfalten beim Sprechen oder den digitalen Fingerabdruck von Kameras: Wenn etwa in Bildern Teile von unterschiedlichen Kameras aufgenommen wurden, lässt sich dies aufspüren, indem man den Bildinhalt unterdrückt und nur das Rauschsignal der Kamera verstärkt.

Für Privatpersonen besonders perfide wären auch Manipulationen, die Forscher für durchaus realistisch halten: Danach findet ein Algorithmus zunächst heraus, welche Freunde jemand auf Facebook am liebsten mag – kein großes Problem heutzutage. Daraufhin erschafft der Computer eine künstliche Werbeperson, die einem Morphing, einer Verschmelzung, dieser Freunde entspricht, und baut sie automatisch in Werbespots ein. Der Effekt: Man wird das beworbene Produkt wesentlich sympathischer finden als ohne diesen Trick und nicht einmal wissen, warum. Das wäre die ultimativ personalisierte Werbung – und eine Horrorvision für Datenschützer.

23

Wie gefährlich werden die Hacker von morgen?

Im Internet tobt ein unsichtbarer Kampf, der es manchmal auch in die Schlagzeilen schafft: wenn etwa Bundestagsabgeordnete gehackt, bei Hotelketten Hunderte Millionen Kundendaten geklaut, Milliarden Dollar an Bitcoin-Währung erbeutet oder Kliniken von Cyberkriminellen erpresst werden, die wichtige Daten verschlüsselt haben und sie nur gegen Lösegeld wieder freigeben wollen.

Mit Methoden der Künstlichen Intelligenz können Verbrecher noch mehr Schaden anrichten – auch weil immer mehr Geräte vernetzt sind, die persönliche Daten aufzeichnen und mit Sprach- oder Bilderkennung funktionieren. So haben Hacker bereits intelligente Lautsprecher geknackt und konnten Privatgespräche abhören. Die in Mobilgeräte eingebauten Kameras sind auch ein beliebtes Einfallstor, und bei Gesundheits-Apps wurden schon Sicherheitslücken entdeckt.

Ein aufsehenerregender Fall wurde 2015 aus den USA gemeldet: Hier war es Hackern gelungen, über die Internetverbindung der Entertainment-Module eines Jeep Cherokee auf die Fahrzeugsteuerung zuzugreifen. Mitten auf der Autobahn fingen das Radio und die Scheibenwaschanlage an, verrückt zu spielen, und das Gaspedal funktionierte nicht mehr. Schließlich demonstrierten die Hacker dem hilflosen Fahrer auf einem Parkplatz auch noch, dass sie die Lenkung übernehmen und die Bremsen betätigen konnten. Allein mit der Internetadresse des Fahrzeugs konnten sie dieses bequem von zu Hause aus mit ihrem Notebook steuern.

Dem Autohersteller blieb nichts anderes übrig, als 1,4 Millionen Fahrzeuge in die Werkstätten zurückzurufen – doch dies wird kein Einzelfall bleiben. Sicherheitsexperten konnten schon Autos aus der Ferne öffnen und Schadsoftware über den digitalen Rundfunk verbreiten. Angesichts von Hunderten von Millionen Fahrzeugen, die 2020 weltweit vernetzt sein dürften, ist das Gefährdungspotenzial sehr hoch. Und das Internet der Dinge öffnet auch bei anderen Infrastrukturen neue Einfallstore: ob es vernetzte Stromzähler oder Produktionsmaschinen in den Fabriken sind oder die Steuerung von Anzeigetafeln für den Bahnverkehr.

Einer der berühmtesten Fälle ist das Schadprogramm Stuxnet, das im Sommer 2010 die Urananreicherung im Iran traf. Dieser Trojaner war so raffiniert konstruiert, dass er zwar über USB-Sticks Tausende von Rechnern infizierte, aber dort keinen Schaden anrichtete. Er suchte nur nach Industriesteuerungen von Zentrifugen, die er dann so manipulierte, dass sie sich selbst zerstörten. Stuxnet, dessen Entwicklung vermutlich Millionen Dollar gekostet hatte, nennen viele Fachleute den »Einstieg ins Zeitalter der Cyberwaffen«. Der nächste derartige Angriff traf in den Jahren 2015 und 2016 große Teile des ukrainischen Stromnetzes, die für Stunden ausfielen, als Hacker die Computersysteme mehrerer Strombetreiber infizierten.

Solche Blackouts sind besonders gefährlich, weil Stromausfälle alle Infrastrukturen betreffen. Ampeln fallen ebenso aus wie Heizungssteuerungen oder die Pumpen an den Tankstellen. Kühl- und Lieferketten brechen zusammen, Supermärkte bekommen keinen Nachschub, und auch in Kliniken versagen irgendwann die Notstromaggregate. Binnen weniger Tage können ganze Volkswirtschaften vor dem Ruin stehen. Nach Schätzung von Experten würde eine einzige Stunde ohne Strom zur Mittagszeit in Deutschland fast 600 Millionen Euro an Kosten verursachen.

Der Schutz vor Hackern ist ein ständiger Wettstreit zwischen Angreifern und Verteidigern. Wichtig ist vor allem eine ständige gegenseitige Authentifizierung der Maschinen und eine klare Zugriffskontrolle: Wer ist mein Gegenüber, von dem ich Daten erhalte oder an das ich Daten schicke? Wer darf was wann machen? Jeder Benutzer muss sich über verschlüsselte Zertifikate ausweisen und jedes Gerät, das Schaltbefehle oder auch nur Messdaten sendet, ebenfalls. Lernende KI-Verfahren kontrollieren, ob es Abweichungen von Normwerten gibt: 500 Log-in-Versuche pro Sekunde stammen beispielsweise sicher nicht von einem Menschen, und wenn eine Maschine plötzlich Kontakt mit einem Computer im Ausland aufnimmt, ist das auch verdächtig.

Zudem kann man empfindliche Bauteile mit speziellen Schaltungen versehen, die wie ein biometrischer Fingerabdruck wirken und sogar mechanische Eingriffe feststellen können. Für den Austausch wichtiger Daten – etwa industrielle Messwerte oder Verträge – kann man die Technologie der Blockchain nutzen, die sehr sicher gegen Manipulationen ist, weil hier alle Transaktionen verschlüsselt miteinander verkoppelt und an vielen Stellen gleichzeitig gespeichert sind.

Um Hacker besonders wirksam bekämpfen zu können, sollte es künftig eine Art TÜV für Software geben: So wie es bei Autos, Häusern und Kraftwerken gelang, sollte man auch bei Software Sicherheitsstandards und »Bauvorschriften« definieren. Denn nach wie vor sind viele Geräte voller Lücken, bedingt durch Zeitdruck und Schlamperei bei der Programmierung oder der Einbindung nicht perfekt zusammenpassender Module. Die berüchtigten »Exploits«, die solche Schwachstellen ausnutzen, sind wie pures Gold. Apple beispielsweise hat im August 2019 erstmals für das Auffinden besonders schwerwiegender Sicherheitslücken in seinem Betriebssystem eine Belohnung von bis zu einer Million Dollar ausgeschrieben.

24

Wird der Krieg der Zukunft von Robotern entschieden?

Fast alle vom Militär genutzten Maschinen werden heute noch von Menschen bedient – wenn auch immer öfter aus der Ferne. Die per Funk gesteuerten Packbot-Roboter können Treppen erklimmen, einige Meter tief tauchen und sind so robust, dass sie sogar einen Fenstersturz überstehen. Sie spähen feindliche Stellungen aus, detektieren Sprengstoff und entschärfen ihn. Andere unbemannte Maschinen wie Snibot oder die Drohne Reaper, die häufig in Afghanistan und im Jemen eingesetzt wurde, haben zwar Waffen an Bord, aber ausgelöst werden die tödlichen Angriffe nach wie vor von Menschen.

Auf der südkoreanischen Seite der Grenze zu Nordkorea stehen bereits einige Roboter mit Maschinengewehren und Granatwerfern, die mit Wärme- und Bewegungssensoren aus drei Kilometern Entfernung feindliche Aktivitäten aufspüren können, und die israelische Harpy-Drohne findet selbsttätig Radaranlagen und zerstört sie. Noch erfordern diese Waffen einen menschlichen Feuerbefehl, aber der Schritt zur vollen Autonomie wäre minimal.

Im Prinzip ist auch der Weg zu einem Killerroboter à la Terminator nicht weit. Man könnte zum Beispiel einen der mannshohen und sehr agilen Atlas-Roboter mit Gesichtserkennung ausstatten und ihn losschicken, um gezielt bestimmte Menschen zu finden und auszuschalten. Wenn man dann noch KI nutzt, um den Weg der gesuchten Person von Überwachungskamera zu Überwachungskamera in Echtzeit zu verfolgen, hätte der Terminator ein leichtes Spiel. Zudem könnten solche Roboter wie Wölfe im Rudel jagen und sich gegenseitig abstimmen. Dafür braucht man auch keine voluminösen Maschinen. Bereits getestet wurden von der US-Armee nur wenige Zentimeter große Mikrodrohnen namens Perdix, die aus Flugzeugen abgeworfen wurden und sich dank Schwarmintelligenz selbst organisierten. Gedacht sind sie für Aufklärungsflüge, aber aus solchen Miniaturfliegern ließen sich auch todbringende Geschosse machen.

Manche Strategen argumentieren, dass es sogar ethisch geboten sei, in Krisensituationen auf KI-Systeme zu setzen. Denn da Maschinen Informationen sehr schnell verarbeiten können und weder Hass noch Angst, Nervosität oder Rachsucht kennen, würden sie weniger Fehler machen und die besseren Entscheidungen treffen. Andere halten dagegen, dass genau diese Einschätzung und die Erwartung, die eigenen Verluste an Menschenleben gering halten zu können, die Hemmschwelle für den Einsatz dieser Waffen erheblich senken würden.

Die internationale Kritik an vollautomatischen Waffensystemen, die vielleicht einmal eigenständig über Leben und Tod entscheiden könnten, ist groß. Die Initiatoren der weltweiten »Campaign to Stop Killer Robots« nennen sie »die dritte Revolution der Kriegsführung, nach dem Schießpulver und der Atombombe«. Denn solche Maschinen wären relativ einfach und kostengünstig herzustellen, und man braucht nur wenige Menschen, um sie einzusetzen – ideal für Attentate und ethnische Säuberungen. Schnell könnten sie in die Hände von Terroristen und Diktatoren gelangen. Ein weiteres Problem: Menschen sind für solche Waffensysteme nur Ansammlungen von Nullen und Einsen – Bedenken kennen sie nicht. Fehler und Kollateralschäden sind praktisch vorprogrammiert.

Immerhin: Mehr als 4 000 der führenden KI-Forscher und 25 000 andere Unterstützer haben die Kampagne gegen Killer-

roboter unterzeichnet. Sie weigern sich, an solchen Entwicklungen mitzuwirken, und wollen, dass diese Waffen ebenso geächtet werden, wie es bei Biowaffen und Atombomben im Weltall gelungen ist. Bei den Vereinten Nationen wird dies diskutiert, aber ohne die Zustimmung von Staaten wie USA, Russland und Israel ist ein Verbot nicht zu erreichen.

Frankreich und Deutschland sprechen sich zurzeit dafür aus, dass alle Waffensysteme menschlicher Kontrolle unterliegen müssen. Das würde ferngesteuerte Fahrzeuge erlauben, aber autonome Kriegsmaschinen verbieten. Google ging noch einen Schritt weiter: Nach massiven Protesten seiner Mitarbeiter hat das Unternehmen im März 2019 seine Teilnahme an einem Projekt des US-Verteidigungsministeriums beendet, bei dem KI-Bildverarbeitung eingesetzt werden soll, um Videos aus Überwachungsdrohnen effizienter als bisher nach militärischen Zielen zu durchsuchen. Ein Anfang ist gemacht, aber insgesamt muss der Druck aus der Zivilgesellschaft noch deutlich größer werden, um ein Wettrüsten im Hinblick auf KI-Waffen und künftige Kriege mit vollautomatischen Killermaschinen zu verhindern.

Je erfolgreicher KI-Systeme in Zukunft in Büros und Banken, Kliniken und Fabriken, auf der Straße und zu Hause funktionieren, desto größer wird die Gefahr, dass Menschen zu sehr auf Maschinen vertrauen und ihre Empfehlungen ungeprüft übernehmen. Doch das wäre fatal, wie etliche Beispiele zeigen: Vor einigen Jahren hat ein Bilderkennungssystem von Google Fotos dunkelhäutiger Menschen in die Kategorie »Affen« einsortiert. Eine Software von Amazon, die die besten Jobbewerber finden sollte, hat systematisch Frauen benachteiligt, und eine KI der US-Justizbehörden hat für Afroamerikaner doppelt so häufig wie für Weiße fälschlich eine hohe Rückfallquote bei Straftaten vorhergesagt.

Was war hier falsch gelaufen? Die Bild-Software hatte offenbar bei ihren Lernbeispielen die Farbe höher gewichtet als andere Kriterien, die Menschen von Affen unterscheiden. Die Probleme der KI-Systeme für Personal und Justiz hingegen sind subtiler, weil sie Vorurteile, die bereits in den Trainingsdaten enthalten sind, implizit übernommen haben. Amazon hatte in der Vergangenheit weit mehr Männer eingestellt als Frauen, und so kam der Algorithmus zum Schluss, dass Bewerbungen von Frauen grundsätzlich schlechter zu bewerten seien. Ähnliches galt für die US-Behörden: Dort wurden die Bewertungskriterien oft von Weißen erstellt.

Daher sollte jeder Anwender die Grenzen von KI-Systemen kennen. Insbesondere funktionieren die am meisten verwendeten Deep-Learning-Netze rein nach Verfahren der mathematischen Optimierung (siehe Frage 6). Dafür brauchen sie viele Tausend Trainingsdaten, doch wie sie zu ihren Ergebnissen kommen, ist kaum transparent. Eine Überprüfung durch Menschen ist daher unerlässlich. Außerdem lassen sich solche Netze gezielt täuschen, etwa durch raffiniert hinterlegte Strukturen. So entdeckten Bildverarbeitungssysteme in Fotos, die für Menschen nur Rauschen enthielten, Gürteltiere oder Pfauen. Japanische Wissenschaftler konnten sogar zeigen, dass im Extremfall der Austausch eines einzigen Bild-Pixels genügt, damit ein Deep-Learning-Netz ein Pferd plötzlich mit 99,9 Prozent Sicherheit als Frosch tituliert.

In einem Projekt namens DeepDream präsentierten Forscher einem Rechner, der mit Tierbildern trainiert worden war, nur Fotos von Wolken. Was passierte? Der Algorithmus entdeckte darin unter anderem Fische, Hunde und Vögel – wie ein Kind, das in Wolken Fabelwesen hineininterpretiert. Als die Forscher die Rückkopplung im Netz verstärkten, wurden die Muster, die der Algorithmus fand und sichtbar machte, immer verrückter: Am Himmel erschienen farbige Strudel wie bei van Gogh, und aus Gehsteigen quollen bunte Kühe hervor. Das Ganze wirkte wie LSD-Bilder – eine Ähnlichkeit, die nicht zufällig ist. Denn auch im Gehirn kommt es bei Halluzinationen zu einer verstärkenden Rückkopplung, einer Überinterpretation von Signalen. Unter Drogeneinfluss sieht und hört man Dinge, die nicht da sind – genau dies passiert auch Deep-Learning-Netzen, die unbedingt Muster finden sollen.

Was diesen Netzen offensichtlich fehlt, ist das Hintergrundwissen – etwa dass es in Wolken keine Fische gibt. Wer derartige KI-Systeme nutzt, muss sich also bewusst machen, dass sie nicht über Alltagsintelligenz verfügen, sondern nur Muster herausfiltern und mathematische Zusammenhänge herstellen. Das Problem dabei: Beim Finden von Mustern blendet man gleichzeitig die Nicht-Muster, die Abweichungen, aus. Eine solche KI hat sozusagen eine eingebaute Tendenz, Minderheiten kleinzuhalten. Wenn sie Fehler macht und diese nicht erkannt werden, besteht die Gefahr, dass sich die KI im Lauf der Zeit stets selbst bestätigt und noch fehleranfälliger wird.

Natürlich gelten auch für die Entwickler von KI Recht und Gesetz: Antidiskriminierung, Produkthaftung, Gewährleistung, Strafrecht – hier darf es keine Abstriche geben. Es darf nicht passieren, dass ein Roboter im Hotel Menschen je nach Hautfarbe, Geschlecht oder Alter unterschiedlich behandelt. Oder dass dies gar ein selbstfahrendes Auto in einer Unfallsituation tut. Nehmen wir eine Bank als Beispiel: Ein Programm, das die Kreditwürdigkeit von Personen bewerten soll, sortiert vielleicht Menschen mit bestimmten Vornamen aus, weil es eine Korrelation zwischen Vornamen und der Bedienung von Krediten gefunden hat. Wenn nun aber ein Kunde den Verdacht hat, dass er aus einem derartigen Grund benachteiligt wurde, hat er ein Recht auf Auskunft. Wenn die Maschine keine vernünftige Erklärung liefern kann, warum der Kredit abgelehnt wurde, muss ein Mensch eingeschaltet werden, der die Maschine überstimmen darf – und in diesem klaren Fall von Diskriminierung auch überstimmen muss.

26

Wie bekommt man Moral in die Maschine?

Entscheidend für lernende Maschinen ist – wie bei Menschen auch – die Qualität der Lehrer. Ein misslungenes Exempel war der Chatbot Tay, der im Frühjahr 2016 lernen sollte, wie sich Menschen im Internet unterhalten. Keine 24 Stunden später musste Microsoft ihn wieder vom Netz nehmen, weil er zum Rassisten geworden war, der den Holocaust leugnete und Hitler lobte. Das Programm hatte offensichtlich von den falschen Leuten gelernt und agierte ohne Hemmungen, weil keine Regeln eingebaut waren.

Doch wenn Maschinen immer eigenständiger handeln, dann müssen sie zwischen Falsch und Richtig, Gut und Böse unterscheiden können. Soll ein Roboter Familienangehörige verständigen, wenn ein Senior seine Medikamente nicht nimmt, oder ist dessen Selbstbestimmung höher zu bewerten? Soll ein selbstfahrendes Auto vor einem Igel bremsen, wenn ein nachfolgendes Fahrzeug einen Auffahrunfall verursachen könnte? Oder schlimmer: Wie entscheidet so ein Auto, wenn es nur die Wahl hat, einen unvorsichtigen Passanten zu überfahren oder mitsamt seinem Fahrgast mit einem Baum zu kollidieren?

Einem Menschen würde man eine falsche Entscheidung, die er in Sekundenbruchteilen trifft, wohl verzeihen – aber einer Künstlichen Intelligenz? Muss sie nicht alle Eventualitäten im Voraus berücksichtigen? In der Praxis ist das allerdings oft gar nicht möglich. Abgesehen davon, dass auch eine KI nicht alles berechnen kann – wie etwa die exakten Reibungskräfte auf einer glatten Straße –, so ist es in Deutschland unzulässig, potenzielle Opfer gegeneinander aufzurechnen. Lässt sich daher ein Unfall mit Personenschaden nicht vermeiden, würde die Maschine wohl scharf bremsen, ein Schleudern in Kauf nehmen und der Physik ihren Lauf lassen müssen.

Vielfach wird auch diskutiert, ob man nicht die »Drei Gesetze der Robotik«, die der Science-Fiction-Autor Isaac Asimov bereits 1942 formulierte, als fundamentale Regeln in die Maschinen integrieren sollte. So besagt das erste Gesetz: Ein Roboter darf keinen Menschen verletzen oder durch Untätigkeit zu Schaden kommen lassen. Das zweite: Ein Roboter muss den Befehlen eines Menschen gehorchen, es sei denn, sie stehen im Widerspruch zum Ersten Gesetz. Und das dritte: Ein Roboter muss seine eigene Existenz schützen, solange dies nicht mit dem Ersten oder Zweiten Gesetz kollidiert.

Doch dabei ergeben sich etliche Probleme, etwa die Frage, was ein »Schaden« ist. Fällt darunter zum Beispiel auch ein finanzieller Verlust oder Rufschädigung? Je nach kultureller Umgebung werden die Prioritäten vielleicht unterschiedlich gesetzt. Außerdem hat Asimov selbst Fälle konstruiert, in denen seine Regeln sogar verletzt werden müssen, weil sich logische Konflikte ergeben oder weil ein Roboter eine Situation anders einschätzt als ein Mensch.

Letztlich wollen Maschinenethiker KI-Systeme konstruieren, die so verlässlich agieren wie ein Geschirrspüler oder ein Putz-Roboter – diesen Geräten vertrauen wir so sehr, dass wir sogar die Wohnung verlassen, während sie arbeiten. Bei einfachen Systemen könnte man etwa den Käufer über die Moral seiner Maschine entscheiden lassen. So haben Forscher in der Schweiz einen Putzroboter entwickelt, der sich so einstellen lässt, dass er zwar Spinnen einsaugt, aber Marienkäfer nicht – oder beide nicht, je nachdem, was der Kunde möchte. Genauso könnte man bei Drohnen festlegen, dass sie zwar

Tiere und Pflanzen fotografieren dürfen, aber keine Menschen. Und bei Autos, dass sie bei Schnecken und Insekten nicht bremsen, aber bei Igeln und Kröten, wenn es die Verkehrssituation erlaubt, und auf jeden Fall bei größeren Tieren wie Rehen und Wildschweinen.

Vielfach wird man auch strikte Regeln einpflanzen müssen, etwa »Menschenleben sind wichtiger als Sachschäden«, oder bei einem Chatbot, dass lobende Aussagen über Hitler tabu sind, dass er nicht absichtlich die Unwahrheit sagt, dass er nicht so tut, als ob er ein Mensch sei, und dass er die Probleme des Benutzers ernst nimmt. So soll er angemessen reagieren, wenn sein Gegenüber depressiv ist – und betonen, dass er nur eine Maschine sei und ein psychologisches Gespräch mit einem Menschen empfehle.

Zugleich müssen die Maschinen lernen, was ein sozial akzeptiertes Verhalten ist. So werden Fahrzeuge, die auf der Autobahn hinter anderen herschleichen, von den übrigen Verkehrsteilnehmern ebenso negativ bewertet wie solche, die ständig die Spuren wechseln. Selbsttätig fahrende Autos sollten also ab und zu andere überholen, aber nicht übertrieben rücksichtslos fahren – ganz wie vernünftige menschliche Autofahrer.

Falls eine KI vor unbekannten Problemen steht, kann man ihr auch Datenbanken zur Verfügung stellen, in denen sie Lösungen für vergleichbare Situationen finden kann. Außerdem versuchen Forscher, KI-Systeme eigene Schlüsse aus Beobachtungen ziehen zu lassen – etwa indem sie aus geeigneten Filmen oder Büchern lernen, wie sich Menschen üblicherweise verhalten. In virtuellen Welten werden dann schwierige Situationen und Dilemmata simuliert, und die KI wird über ein Punktesystem belohnt, wenn sie moralisch richtig entschieden hat. Solche Forschungen stehen allerdings noch ganz am Anfang.

Die Frage, wie man zuverlässige und sich ethisch korrekt verhaltende, selbstlernende Maschinen baut, ist jedenfalls so schwierig, dass sie neue Berufsfelder eröffnen wird. Dabei ist es auch sicherlich nicht sinnvoll, dass zwar Mediziner in ihrer Ausbildung Ethikkurse belegen müssen, aber Software-Ingenieure nicht. Ein Arzt wird nur wenige ethisch kritische Fälle behandeln müssen, ein KI-Experte hingegen kann das Leben von Millionen Menschen erheblich beeinflussen: ob es um Kredite bei Banken geht, um automatisierte Therapieempfehlungen oder um selbstfahrende Autos. Grundsätzlich gilt: KI-Maschinen werden in Zukunft zwar verstärkt moralische Entscheidungen treffen und ihre Auftraggeber in Verhandlungen mit Menschen und anderen Maschinen vertreten, aber sie können nicht haftbar gemacht werden. Die Verantwortung tragen weiterhin die Menschen: Hersteller, Programmierer, Manager, Benutzer, je nach Situation.

27

Kann eine Maschine Emotionen erkennen oder gar selbst Gefühle haben?

Manche Fachleute sagen, dass KI nicht für »Künstliche Intelligenz« stehe, sondern für »Kalte Intelligenz«, weil Maschinen keine Gefühle hätten, wohingegen die Fähigkeit zur Empathie, zum Mitfühlen, ein wichtiges Element der menschlichen Intelligenz und des moralischen Handelns sei. Zwar gibt es durchaus Roboter wie Roboy, der schon mal »Ich bin doch so schüchtern« murmelt, errötet und verlegen die Augen niederschlägt, wenn er einer hübschen Frau begegnet – doch diese sollte das nicht wörtlich nehmen. Es sind nur Lichteffekte auf seinem runden Kopf, um ihn trotz seines sichtbaren Knochenskeletts sympathisch wirken zu lassen.

Auch der Roboter-Junge iCub (siehe Frage 11) simuliert nur, wenn er ein Spiel mit Menschen verliert, wütend wird und danach – wenn ihn seine Betreuerin kitzelt – in Lachen ausbricht. Doch seine emotionalen Zustände sind recht vielfältig und überraschen mitunter auch Experten. Warum aber sollte eine Maschine überhaupt Gefühle vortäuschen?

Ein Grund ist offensichtlich: Es macht sie freundlicher, ja, sogar liebenswert, solange es nicht in nerviges Verhalten abgleitet. Roboter, die künftig Menschen im Haushalt zur Hand gehen sollen, werden sicherlich besser akzeptiert, wenn sie nicht nur kühl und logisch argumentieren wie Commander Spock in Star Trek.

Dafür müssen die Maschinen nicht einmal menschenähnlich aussehen. Viele Menschen reagieren bereits emotional auf smarte Lautsprecher wie Alexa oder sprechen mit ihren Autos.

Forscher berichten, dass sogar hartgesottene Soldaten unter Tränen darum gebeten hätten, ihren Minenräum-Roboter zu reparieren, der im Irakkrieg ihr Leben gerettet hatte. Der zerstörte Roboter bekam schließlich eine Beisetzung mit 21 Salutschüssen – und »postum« zwei Orden. So etwas sagt natürlich wenig über Maschinen aus, aber es zeigt, wie gefühlsbetont viele Menschen auch gegenüber technischen Objekten sind.

Doch eines können Maschinen in der Tat immer besser: Emotionen von Menschen erkennen. Ein KI-System der US-Firma Affectiva beobachtete mehrere Jahre lang Millionen von Menschen in 75 Ländern, während sie Videos schauten. Es lernte dabei, Gefühlsregungen zuzuordnen. Denn grundlegende Emotionen wie Wut, Freude, Überraschung, Ekel, Verachtung oder Traurigkeit spiegeln sich in Gesichtern auf die gleiche Weise wider, unabhängig von Herkunft, Alter und Geschlecht.

Psychologen wissen, dass es im Gesicht 44 Bewegungseinheiten gibt, die sich zu Hunderten von Gefühlsregungen kombinieren lassen. Einheit sechs beispielsweise ist das Zusammenziehen des äußeren Teils des Ringmuskels beim Auge und Einheit zwölf das Anheben der Mundwinkel – zusammen ergeben sie ein freundliches Lächeln. Ein Computer, der dies gelernt hat, kann zwischen einem echten, frohen und einem falschen, berufsmäßigen Lächeln oder gar einem zynischen Grinsen unterscheiden, selbst wenn die Bewegungen sehr schnell und subtil sind. Komplexe oder von der Kultur abhängige Gefühlszustände wie Eifersucht oder Schuldgefühle kann die KI zwar nicht erkennen, aber beim Aufspüren der Basisemotionen ist sie inzwischen präziser als Menschen – zumindest als die ungeübten.

Mehr noch: Kameras können in Spektralbereichen arbeiten, die wir gar nicht sehen. So lässt sich aus einem Wärmebild der Grad des Errötens ablesen. Das Unternehmen audEERING,

eine Ausgründung der Technischen Universität München, hat sogar ein KI-System entwickelt, das aus Tonhöhe, Klangfarbe, Intensität und Rhythmus der Stimme auf die Gefühlslage des Gegenübers schließen kann. Es erkennt schon nach wenigen Sekunden, ob der oder die Sprecherin frustriert oder wütend, gestresst oder verwirrt, gelangweilt oder interessiert ist. Flirtsignale in der Stimme kann es ebenso herausfiltern wie unterdrückten Ärger. Für Betreiber von Callcentern sind solche Programme sehr wertvoll, aber auch für Werbetreibende, Sicherheitsexperten oder Fachärzte für psychische Erkrankungen.

Idealerweise sollten die Roboter der Zukunft über eine »Theory of Mind« verfügen. Darunter versteht man die Fähigkeit nachzuspüren, was das menschliche Gegenüber denkt und fühlt, also eine begründete Annahme über die Bewusstseinsvorgänge in anderen Personen zu treffen. Wenn ein Roboter in der Lage wäre, Gefühle nicht nur zu erkennen, sondern auch zu verstehen und entsprechend zu agieren, würde dies seinen Umgang mit Menschen deutlich vereinfachen.

Roboterforscher wollen sogar noch weiter gehen. In Japan beginnen Wissenschaftler damit, Maschinen so etwas wie echte Gefühle einzupflanzen. Sie sollen »Schmerzen« empfinden, wenn einer ihrer Motoren heiß läuft, oder »Hunger« nach Strom, wenn der Ladezustand ihrer Batterien alarmierend niedrig wird. Letztlich bringt dies die Roboter dazu, die Probleme schnell zu beheben: also den Motor auskühlen zu lassen oder die nächste Ladestation aufzusuchen. Emotionen, sagen Forscher, sind ein gutes Mittel, um ohne groß zu überlegen zwischen alternativen Handlungsoptionen auszuwählen.

Dies sind zwar keine Gefühle, die auf Hormonausschüttungen wie im biologischen Körper basieren, aber einige Charakteristika der Maschinen-Gefühle, etwa das schnelle Setzen von Prioritäten, sind durchaus ähnlich. Beim Menschen kommt hinzu, dass Gefühle, die auf kulturellem Lernen und Erfahrung basieren, oft intuitiv richtig sind. So haben es viele Wissenschaftler im »Bauch«, ob eine neue Formel stimmen kann. Und wer kennt nicht die Liebe auf den ersten Blick oder die instinktsichere Abneigung gegenüber einer Person, schon beim ersten Händedruck? Bei Robotern streben Forscher natürlich nicht an, dass sie sich verlieben oder eine Antipathie gegen Menschen entwickeln, denen sie helfen sollen – hier geht es um ganz grundlegende Dinge: Wie pflanzt man ihnen die Neugierde ein, die Welt um sie herum zu erforschen? Wie fokussiert man ihre Aufmerksamkeit? Es geht also mehr um den Nutzen von Maschinen-Gefühlen als darum, nachzuahmen, was wir Menschen empfinden.

Im Oktober 2018 wurde zum ersten Mal ein Gemälde, das eine Künstliche Intelligenz geschaffen hat, beim Auktionshaus Christie's in New York versteigert. Bei der unerwartet hohen Summe von 432 500 Dollar fiel der Hammer für das Porträt von Edmond de Belamy – eine Person, die frei erfunden ist, auf einem Gemälde, das wie eine Mischung aus der Hand eines Spätimpressionisten und verwischten Gesichtszügen aus dem Werk Gerhard Richters erscheint. Hat die KI hier eine eigenständige Schöpfung hervorgebracht? Wohl nur, wenn man die Kombination von Malstilen als eigene Kunstform akzeptiert.

Denn genau dies war geschehen: Der zugrunde liegende Algorithmus basiert auf einem Wettstreit zweier neuronaler Netze (siehe Frage 5). Das erste Netz haben Hugo Caselles-Dupré und seine Kollegen, die das Pariser Künstlerkollektiv Obvious bilden, mit 15 000 Porträtbildern gefüttert: mit den Renaissance-Frauen Botticellis ebenso wie mit Foto-Bildern Gerhard Richters. Der Computer identifizierte typische Muster und versuchte dann, Ähnliches zu malen. Das zweite neuronale Netz wirkte anschließend als Juror: Es verglich die Neuschöpfungen mit den gelernten Bildern – die besten Noten bekamen diejenigen Werke, die der Algorithmus nicht mehr von menschgemachten Porträts unterscheiden konnte.

Das Obvious-Team musste dann nur noch eines der Top-Bilder auswählen, es mit einem Goldrahmen versehen und zur Versteigerung anbieten. Wer aber ist der eigentliche Künstler? Wenn es derjenige ist, der das Bild entworfen und gemalt hat, dann ist es die Maschine. Wenn es hingegen derjenige ist, der die Vision hatte, das Ziel und die Botschaft, dann sind es die Menschen.

Künftig will das Obvious-Kollektiv sogar KI-Bildhauer ins Leben rufen – wobei diese dann ihre Skulpturen nicht aus Stein meißeln, sondern mit den Verfahren des 3D-Drucks Schicht für Schicht aufbauen. Und auch anderswo sind KI-Systeme schon Teil der Kunstwelt. In Tübingen haben Forscher einer KI beigebracht, in Bildern Inhalt und Stil zu trennen und neu zusammenzufügen. Der Effekt: Der DeepArt genannte Algorithmus kann ein Foto als Eingabe nehmen und es im Stil von Künstlern wie Kandinsky, van Gogh, Turner oder Picasso neu malen. In den USA gibt es eine Musik-Software namens Kulitta: Sie analysiert die Struktur von Musikstücken und kombiniert neue – etwa einen Choral wie bei Johann Sebastian Bach, aber mit einem Mittelteil im Stil der Jazzmusik.

Auch Roboter werden aktiv: Sie haben bereits in Theaterstücken und Kinofilmen mitgewirkt, eigenständig ungewöhnliche Cocktails gemixt und erstaunlich gut Geige, Klavier oder Schlagzeug gespielt. Selbst am Schreiben von Geschichten und Gedichten haben sich KI-Systeme schon versucht. So kam in Japan eine Kurzgeschichte, bei der die Handlung von Menschen erdacht, der Text aber nach gewissen Regeln von einer Software geschrieben wurde, in die engere Auswahl für einen Literaturpreis, und eine Maschine entwarf das Drehbuch für den Science-Fiction-Kurzfilm Sunspring, in dem allerdings die Dialoge noch bizarrer sind als die Handlung.

Kreativ im eigentlichen Sinne war noch keine KI. Um eine neue Formensprache zu erfinden wie im Kubismus oder sich vom Gegenstand zu lösen wie in der abstrakten Malerei – dafür braucht es Menschen. Computer haben keine Inspiration und können nichts gezielt mit Bedeutung aufladen, denn dazu müssten sie die Welt der Menschen verstehen. »Auf der

Flucht gezimmert in einer Schauernacht / Schleier auf dem Mahle / Säumliche Nahrung, dieses Leben« – so beginnt das Gedicht, das eine KI, die mit Versen von Goethe und Schiller trainiert worden war, zum Welttag der Poesie 2018 geschrieben hat. Wer einen Sinn darin findet, interpretiert ihn selbst hinein. Der Computer hat nur starke Worte kombiniert.

Doch auch dies kann zu interessanten Neuerungen führen. So hat der Computerkünstler Simon Colton ein Programm darauf trainiert, in Bildern Emotionen zu erkennen. Daraus entwickelte die KI einen eigenen Stil für ihre Gemälde: Das berühmteste ist das Bild *Sad* eines traurigen Mannes mit dunklen Farben und kantigen Konturen. Dieses Vorgehen funktioniert auch mit Texten, etwa einem Zeitungsbericht über den Afghanistan-Krieg. Coltons Software lud eigenständig passende Bilder aus dem Internet herunter, verfremdete sie und stellte eine Collage zusammen – das Ergebnis ist ein teils abstraktes, aber sehr gefühlvolles Bild mit Kindern inmitten von Explosionen und Gräbern.

In Zukunft könnte so eine neue, hybride Kunstrichtung entstehen, eine Mensch-Maschine-Kunst: Menschen entwickeln Ideen, geben Ziele vor und Visionen – und die Maschinen assistieren, imitieren, kombinieren. Doch am Schluss wird es immer noch der Mensch sein, der entscheidet, was für ihn Kunst ist.

Kann es Maschinen mit Bewusstsein geben?

Im Kino ist es einfach: Da wird ein Roboter vom Blitz getroffen, und schon wird die Militärmaschine fröhlich, frech und neugierig, beginnt zu tanzen, verliebt sich gar in eine Menschenfrau – kurz: Nummer 5 lebt! So hat man sich in diesem Film aus dem Jahr 1986 vorgestellt, wie ein Roboter ein Ich-Bewusstsein entwickeln könnte. In Wirklichkeit diskutieren Wissenschaftler seit Jahrzehnten, ob dies bei Maschinen überhaupt möglich ist, zumal noch nicht einmal klar ist, ob es Tiere gibt, die ein Ich-Bewusstsein haben.

Dass viele Tiere Schmerz und Leid, Angst und Freude – also Gefühle – empfinden können, wird zwar kaum bestritten, aber führen sie solche Regungen des Augenblicks zum subjektiven Erleben eines inneren Ganzen, eines Ichs, zusammen? Wie fühlt es sich an, eine Fledermaus zu sein, ein Krake oder ein Elefant? Wie entsteht überhaupt Bewusstsein? Eine Theorie ist die des »Arbeitsraums«. Danach ist das Bewusstsein wie eine Bühne im Theater: Was dort hell beleuchtet wird, fesselt unsere Aufmerksamkeit und wird an andere Teile im Gehirn weitergeleitet – aus diesen Komponenten erwächst das bewusste Ich.

Ein anderes Konzept ist das der »integrierten Information«, demzufolge Bewusstsein mit zunehmender Komplexität, Vernetzung und Integration von Daten entsteht. Wenn unterschiedliche Sensoren einen Apfel wahrnehmen, messen sie Farbe, Form und Gewicht, aber diese Informationen bleiben getrennt. Wir hingegen nehmen alles zugleich wahr, und wir erinnern uns vielleicht auch noch an den Geschmack eines Apfelkuchens aus unserer Kindheit – wir integrieren die Informationen zu einer Gesamtwahrnehmung.

Diese assoziativen Gehirnleistungen passieren in den etwa 20 Milliarden Nervenzellen der nur wenige Millimeter dicken Schicht unserer Großhirnrinde. Diese Areale, die es bei den höheren Wirbeltieren gibt, verarbeiten Informationen, die über Sinneswahrnehmungen im Gehirn ankommen, weiter, vergleichen sie mit Gedächtnisinhalten und bewerten sie. Sie planen und stellen sich Dinge vor, sie denken über sich selbst nach, und sie kommunizieren nach außen. Wesentliche Teile der Großhirnrinde beim Menschen tun nichts anderes, als ständig Modelle zu erzeugen, Modelle über die Umgebung und über sich selbst. Hier sitzt das Ich.

Manche Forscher meinen nun, dass bei ausreichender Komplexität von lernenden Verbindungen immer ein Ich-Bewusstsein entsteht. Doch müssten dann nicht heute schon Großcomputer oder gar das gesamte Internet sich ihrer selbst bewusst sein? Zweifel sind sicherlich angebracht. Denn entscheidend ist nicht die Menge der Daten, sondern ihre Bedeutung für das Ich. Vieles passiert in unserem Körper unbewusst, nur die wichtigsten Informationen schaffen es, ins Bewusstsein vorgelassen zu werden. Intelligenz und Bewusstsein sind auf einen realen – nicht nur virtuellen – Körper und dessen Interaktionen mit seiner Umgebung angewiesen. Das Ich-Bewusstsein entsteht im Wechselspiel mit dem eigenen Körper, mit der Umwelt und mit einem Du, also im sozialen Austausch mit anderen Persönlichkeiten.

Bei heutigen Maschinen deutet nichts darauf hin, dass sie ein Ich-Bewusstsein hätten. Das schließt allerdings nicht aus, dass künftige Roboter zu einer Selbstreflexion in der Lage sein könnten. Beim Roboter-Jungen iCub (siehe Frage 11) versuchen Forscher dies schon: Er bekommt ein Gefühl für seinen

Körper, indem er wie ein Baby zufällige Bewegungen ausführt und schaut, was passiert. Er ahmt Menschen nach, probiert Dinge aus, bittet um Hilfe, wenn etwas nicht klappt – damit baut er ein autobiografisches Gedächtnis auf und wird aus Erfahrung klug. Und er entwickelt eine Art Neugierde und interne Motivation, da er mit Punkten belohnt wird, wenn er etwas Neues lernt.

Damit beginnt dieser kleine Roboter sich selbst Ziele zu setzen, denn ein Ziel ist nur ein anderer Ausdruck für das, was eine Belohnung einbringen könnte. Das ist bei Menschen nicht anders: Gute Noten in der Schule oder eine Medaille bei Wettbewerben sind ebenso Belohnungen wie die Hormonausschüttung bei einem schmackhaften Essen oder die Freude, wenn man den Gipfel eines Berges erklommen hat.

Wohin solche Forschungen führen, ist unklar, aber interessant ist, wie der Philosoph John Locke, einer der Vordenker der Aufklärung, eine Persönlichkeit definiert hat: als »ein Wesen, das über Vernunft und Sprache sowie geistige Zustände wie Überzeugungen, Wünsche und Absichten verfügt und das zu Beziehungen fähig und moralisch für seine Handlungen verantwortlich ist«. Möglicherweise wird man irgendwann einmal intelligenten Robotern eine Persönlichkeit zugestehen müssen und damit auch Rechte und Pflichten. Manche Juristen beginnen bereits darüber nachzudenken, was das bedeuten würde – sicher etwas verfrüht, aber zweifellos eine spannende akademische Übung.

Der in Oxford arbeitende Philosoph Nick Bostrom warnt vor einer neuen Art der Apokalypse. Er hält es für denkbar, dass in den nächsten Jahrzehnten eine Maschine entwickelt wird, die kreativ ist und strategisch planen kann. Diese Maschine werde sich dann mit rasender Geschwindigkeit selbst verbessern, bis sie die Intelligenz aller Menschen übertreffe – was man als technologische Singularität bezeichnet. Der Tesla-Chef Elon Musk hält eine solche Superintelligenz für die größte Bedrohung überhaupt, und der verstorbene Astrophysiker Stephen Hawking glaubte, dass dies das Ende der Menschheit bedeuten könnte. Denn für eine Superintelligenz wären wir ähnlich wichtig wie für uns Orang-Utans oder Eisbären – sie könnte unsere Lebensgrundlagen zerstören, um ihre eigenen Ziele zu verfolgen, und wir hätten keine Chance, sie zu stoppen.

Doch wie realistisch ist das? Zunächst einmal sollte man sich klarmachen, dass eine Künstliche Intelligenz nicht »superintelligent« sein muss, um zerstörerisch zu sein. Ein Beispiel: Ein Modul zur Fabrikoptimierung erhält den Auftrag, aus Materialien, die ansonsten als Abfall angefallen wären, Büroklammern herzustellen. Es erledigt dies so erfolgreich, dass ihm bald automatisch andere Module der Smart Factory unterstellt werden, und dann übernimmt es die Ressourcenplanung der ganzen Region. Seine Maschinen verwandeln jetzt alles in Büroklammern und umgehen jeden Versuch, abgeschaltet zu werden. Diese etwas absurd klingende Idee hat Bostrom selbst angeführt, um deutlich zu machen, dass eine KI völlig aus dem

Ruder laufen kann, selbst wenn man ihr nur ein simples, harmlos erscheinendes Ziel vorgibt. Sie würde stur alles tun, um ihr Ziel zu erreichen.

Natürlich kann eine KI auch für terroristische oder kriegerische Zwecke missbraucht werden. Doch selbst wenn man nur Gutes bewirken will, kann das Gegenteil passieren. Angenommen, man beauftragt eine KI, Demenzerkrankungen zu reduzieren und die Erderwärmung zu stoppen. Ohne weitere Vorgaben könnte die Maschine das erste Problem dadurch lösen, dass sie Medikamente entwickelt, die Menschen nicht älter als 65 Jahre werden lassen. Den Klimawandel wiederum könnte sie bekämpfen, indem sie durch Chemikalien in oberen Luftschichten die Sonneneinstrahlung drastisch verringert – was in etlichen Regionen der Erde zu katastrophalen Ernteausfällen führen würde.

Um es gar nicht so weit kommen zu lassen, müssen sich KI-Entwickler an drei Regeln halten: Erstens müssen KI-Systeme stets transparent agieren – sie müssen auf Nachfrage und in Simulationen Antworten liefern, was sie tun und warum sie es tun. Zweitens müssen sie durch berechtigte Personen zu jedem Zeitpunkt in ihren Aktionen gestoppt werden können. Und drittens muss eine Maschinenethik integriert sein: KI-Systeme müssen die menschlichen Regeln und Gesetze befolgen und dürfen existenzielle Entscheidungen allenfalls vorbereiten. Unterschreiben und verantworten muss sie ein Mensch.

Doch was, wenn sich eine KI tatsächlich zur Superintelligenz aufschwingt? Die meisten Forscher, die mit den alltäglichen Herausforderungen der Technik zu kämpfen haben, halten diese Vorstellung für abgehobene Science-Fiction – die zudem dem westlichen Mythos vom ständigen Kampf Mensch gegen Maschine entsprungen ist (siehe Frage 2). Eines ihrer wichtigsten Gegenargumente: Alle kommerziellen KI-Systeme, die heute entwickelt werden, beherrschen nur ihre Ein-

satzgebiete. Sie sind – grob gesagt – »Fachidioten« mit speziellen Fähigkeiten, ohne Allgemeinintelligenz. Das soll auch so sein: Ein Rasenmäh-Roboter soll das Gras schneiden und nicht mit seinem Besitzer über die Gartengestaltung diskutieren, und eine medizinische KI soll den Ärzten helfen und nicht etwa ihre Berufswahl infrage stellen.

Ob eine KI jemals in der Lage sein wird, als Voraussetzung für »Superintelligenz« ein Ich-Bewusstsein zu entwickeln, ist fraglich. Ob sie sich vom Menschen unabhängige Ziele setzen würde, ebenso. Denn natürlich werden die Belohnungssysteme – und damit die Ziele – der künftigen elektronischen Diener so eingestellt, dass sie den Menschen helfen und nicht gegen sie arbeiten. Doch auch von solchen leistungsfähigen Roboter-Butlern sind wir noch weit entfernt: Wer einmal erlebt hat, wie menschliche Leiharbeiter das, was Sprachassistenten aufzeichnen, überprüfen müssen, um die Dialogmaschinen zu verbessern, wird so schnell nicht an eine kommende Superintelligenz glauben.

Und selbst wenn künftige KI-Systeme über ein umfangreiches Alltagswissen verfügen sollten, werden sie nie alle Auswirkungen ihrer Aktionen vorhersagen können. Ein Beispiel: Wer hätte in den 1930er-Jahren gedacht, dass die soeben erfundenen Kältemittel für Kühlschränke – die FCKW – Jahrzehnte später dazu führen würden, dass sich Menschen in Australien wegen des Ozonlochs besonders gegen Hautkrebs schützen müssen? Auch eine Superintelligenz würde sicherlich manche Nebeneffekte ihrer Handlungen übersehen – ganz abgesehen davon, dass sie Menschen nie vollständig durchschauen könnte. Denn wie soll eine Maschine bis ins letzte Detail nachvollziehen können, was in Menschen vorgeht, wenn sie selbst keinen Körper hat?

Verbindungen von Mensch, Computer und Roboter – Cyborgs –
sind im Prinzip nichts Neues. Neil Harbisson beispielsweise
trägt seit 2004 eine Antenne, die fest mit seinem Schädel verbunden ist. Der farbenblinde Avantgarde-Künstler kann damit
Farben und Bilder als Klänge wahrnehmen. Er hört Gemälde
im Museum und Obst im Supermarkt und sogar die Klänge
von UV- und Infrarotlicht. Harbisson ist der erste von Behörden anerkannte Cyborg.

Der Übergang zwischen Mensch und Cyborg geschieht flie-
ßend. Künstliche Sinnesorgane, etwa Cochlea-Implantate, die
Mikrofonsignale über Elektroden direkt an den Hörnerv wei-
terleiten, gibt es schon in größerer Zahl. Weltweit haben damit
bereits Hunderttausende von gehörlosen Menschen gute Hör-
erfolge erzielen können.

Deutlich komplexer sind die Retina-Implantate: So wurde
2009 in Tübingen erstmals einem Blinden, der 20 Jahre zuvor
das Augenlicht verloren hatte, ein drei mal drei Millimeter klei-
ner Chip mit 1 500 Fotodioden unter die Netzhaut gepflanzt.
Als sich nach einigen Stunden sein Gehirn wieder an die Signale des Sehnervs gewöhnt hatte, wurden die Objekte, die er
wahrnahm, vertrauter, und er konnte wieder Äpfel von Bana-
nen unterscheiden.

Inzwischen sind solche Implantate an Dutzenden Patienten
getestet worden. Mit Computerhilfe beim Training lernt ihr
Gehirn, die Signale aus dem Fotodioden-Chip richtig zu deuten. Am Ende können sie dann meist groß gedruckte Texte mit

Schriftzeichen von neun Millimetern Höhe wieder lesen – und gelten damit juristisch nicht mehr als blind.

Noch weiter geht die Verbindung von Exoskeletten, also etwa Bein- oder Armprothesen, mit dem Gehirn. Damit können gelähmte Menschen wieder laufen und greifen lernen. Der beeindruckendste Fortschritt gelang hier Forschern der Johns Hopkins University in Baltimore: Sie führten Mikroelektroden sowohl in den motorischen Cortex eines Patienten ein – also den Teil des Gehirns, der die Bewegungen kontrolliert – wie auch in den sensorischen Cortex, wo die Tastsignale wahrgenommen werden. Der Patient mit Querschnittslähmung erhielt eine Handprothese mit einer Vielzahl feiner Drucksensoren, die mit den Elektroden in seinem Gehirn verbunden wurde. Anschließend konnte er mit der Kraft seiner Gedanken nicht nur die Roboter-Hand bewegen, sondern erhielt auch die Signale der Tastsensoren direkt ins Gehirn zurück. Das Gefühl dabei, sagte der Patient, sei dasselbe gewesen wie früher, als er mit seiner eigenen Hand noch tasten konnte.

Solche Versuche belegen, dass das Gehirn nicht nur Roboter-Gliedmaßen steuern kann, sondern dass umgekehrt auch Signale von künstlichen Sinnesorganen – elektronischen Augen, Ohren, Haut – vom Gehirn gelernt und verstanden werden können. Vieles dabei ist noch in einem experimentellen Stadium, weil es schwierig ist, einen dauerhaften direkten Kontakt zwischen Nervenzellen und elektronischen Bauelementen zu halten. So müssen Biochips im Gehirn Nervenzellen auf weniger als 100 Nanometer – 100 Millionstel Millimeter – nahekommen, um Signale gut austauschen zu können, und zugleich müssen sie aus Materialien bestehen, die der Organismus nicht bekämpft und abstößt. Das funktioniert heute erst in Ansätzen. Doch für Menschen mit Behinderungen könnten solche Gehirn-Implantate in Zukunft viele Erleichterungen bringen.

Visionäre wie der Futurist Ray Kurzweil und der Historiker Yuval Harari stellen sich sogar noch viel mehr vor. Nano- und Gentechnik sowie KI, meinen sie, könnten dem Menschen »gottgleiche Fähigkeiten verleihen« und das Leben auf eine völlig neue Stufe heben – die Zukunftsidee des Transhumanismus. Kurzweil träumt von Nanochips und Nanorobotern, die nicht nur Blutgefäße säubern und Krebszellen jagen, sondern die direkt im Gehirn tätig werden. Das soll die Kapazität des Gehirns erweitern, es mit dem Wissenspool des Internets verbinden und neue Sinneswahrnehmungen ermöglichen, etwa das volle Eintauchen in virtuelle 3D-Welten. Wird dann der *Homo sapiens* zum *Robo sapiens*?

Letztlich ließe sich, sagt Kurzweil, sogar unsere gesamte Persönlichkeit herunterladen und in der Cloud speichern – was uns unsterblich machen soll. Doch zum einen dürfte es kaum jemand angenehm finden, wenn winzige Roboter durch den Kopf krabbeln und gleichzeitig den Zustand aller Nervenzellen auslesen. Und zum anderen geht Kurzweil über die technische Machbarkeit sehr großzügig hinweg. Seine Ideen berücksichtigen weder die Komplexität des Gehirns mit seinen Hunderten von Billionen Verbindungen noch die Tatsache, dass unser Ich mehr ist als unser Gehirn: Auch unser ganzer Körper mit seinen Sinneszellen, dem Hormon- und Immunsystem und seinen Organen gehört dazu und müsste repliziert werden. Drehbuchautoren lieben solche Visionen, doch genau das werden sie bleiben: Science-Fiction.

32

Wie wird sich die Künstliche Intelligenz bis 2050 weiterentwickeln?

Der entscheidende Faktor für die Leistungsfähigkeit einer Künstlichen Intelligenz wird auch in Zukunft die Mikroelektronik in Computern und Robotern sein. Bei den Mikrochips werden wir wohl in den nächsten 25 Jahren noch einmal eine Vertausendfachung der Rechenleistung, der Speicherfähigkeit und der Datenübertragungsrate erleben – bei gleichen Kosten wie heute. Allerdings geht dies nicht mehr hauptsächlich über eine Verkleinerung der Strukturen auf den Siliziumscheiben, weil diese schon jetzt nur noch wenige Atomlagen umfassen. Da stößt man bald an physikalische Grenzen, doch die Halbleiterindustrie hat noch mehr im Köcher: So kann man die winzigen Bauelemente auch übereinander stapeln, Nanospeicherzellen nutzen oder mit dem magnetischen Moment von Elektronen rechnen.

Auch Quantencomputer, die gezielt die Gesetze der Quantenphysik nutzen, sind eine interessante Möglichkeit. Während herkömmliche Computer mit Bits rechnen, die entweder den Wert 0 oder 1 haben, können die sogenannten verschränkten Qubits im Quantencomputer viele Zustände zur selben Zeit annehmen. Damit kann man dann zwar nicht mehr auf konventionelle Weise rechnen, aber man kann beispielsweise Millionen Daten gleichzeitig verarbeiten – was für die Entschlüsselung geheimer Codes, die Bildverarbeitung oder die Erkennung von Mustern in großen Datenmengen ideal ist. Allerdings ist die Konstruktion und Beherrschung von Quantencomputern so schwierig, dass es trotz einiger Laborerfolge noch viele Jahre dauern dürfte, bis Quantenrechner kommerziell einsetzbar sind.

Doch auch mit bisherigen Technologien werden wir in den 2040er-Jahren wohl die Leistung eines heutigen Notebooks, das 500 Euro kostet, auf einem kleinen Chip für 50 Cent bekommen. Bis 2050 ist sogar die 10.000-fache Leistung denkbar.

Mit einer spannenden Konsequenz: Nach Ansicht vieler Forscher ist die Rechenleistung und Speicherfähigkeit des menschlichen Gehirns etwa um einen Faktor 10 000 größer als die der besten Smartphones von heute. Das bedeutet, dass die Menschen des Jahres 2050 für den Preis eines heutigen Smartphones sozusagen ein zweites Gehirn nutzen könnten.

Ob dieses zweite Gehirn in der Jackentasche dann nicht nur so schnell Daten verarbeiten, sondern auch »intellektuell« so viel leisten kann wie das erste im Kopf, hängt davon ab, wie gut es gelingt, die Funktionsweise des Gehirns nachzubilden. Hier sind noch eine Menge Details unverstanden. Beispielsweise ist unser Gehirn extrem fehlertolerant, es kann schnell Modelle seiner Umgebung bilden, für Lernvorgänge genügen ihm wenige Trainingsbeispiele, und es braucht nur ein Millionstel der Energie von Supercomputern.

Manche Wissenschaftler – etwa an der Universität Heidelberg – versuchen daher einen radikal neuen Weg. Sie simulieren nicht mehr neuronale Netze auf herkömmlichen digitalen Rechnern, sondern bilden in sogenannten neuromorphen Computern die Gehirnstrukturen direkt mit analogen elektrischen Schaltkreisen nach, also mit Transistoren, Kondensatoren und anderen Bauteilen. Auf eine Siliziumscheibe der Größe einer kleinen Pizza passen 200 000 solcher »elektrischen Nervenzellen« mit 50 Millionen Verbindungen. Eine Anlage mit 20 Scheiben – was der derzeitige Stand der Technik ist – entspricht vier Millionen Neuronen und einer Milliarde

Synapsen. Das ist immerhin 40-mal größer als das Gehirn einer Fliege, doch nur ein Zwanzigstel eines Mäusegehirns.

Die Forschung steht bei diesen Neurorechnern noch am Anfang. Das Entscheidende ist dabei weniger ihre Größe, sondern vor allem ihre Funktionsweise, die sich Physiker und Biologen an realen Nervenzellen abgeschaut und in elektrischen Neuronen nachgebildet haben: Pro Neuron können sie 20 Parameter verändern, pro synaptischer Verbindung zehn weitere, einschließlich der Chemie des Gehirns. Anders als in digitalen Computern gibt es in diesen Neurochips keine zentrale Steuerung mehr, die den Takt für die Rechenschritte vorgibt, und es gibt auch keine Trennung zwischen Prozessoren, die die Berechnungen vornehmen, und Speichern, in denen Daten abgelegt werden. Im Gehirn ist das genauso: Auch da sind die Nervenzellen und ihre Verbindungen zugleich Prozessor und Speicher. Dass nicht ständig Daten zwischen Prozessor und Speicher hin- und hergeschoben werden müssen, spart erheblich Zeit und Energie.

Im Vergleich zu biologischen Systemen sind Neurochips aufgrund ihrer rein elektrischen (und nicht zusätzlich biochemischen) Datenübertragung um den Faktor 10 000, gegenüber klassischen Digitalrechnern sogar viele Millionen mal schneller. Zudem kann nicht nur die Weiterleitung von Signalen, sondern auch jede synaptische Veränderung – etwa eine Verstärkung oder Abschwächung der Verbindungen – 10 000-mal schneller vollzogen werden als im Gehirn selbst. Die Neurochips lernen daher 10 000-mal schneller als das Gehirn. Dabei lassen sich alle unterschiedlichen Lernmechanismen im neuromorphen System nachbilden: das überwachte Lernen mit Lehrern und Belohnungen ebenso wie das unüberwachte Langzeitlernen, bei dem sich jedes Mal die Synapsenstärke zwischen zwei Neuronen ein wenig erhöht, wenn sie gleichzeitig aktiv sind.

Was bedeutet das für die Zukunft der KI? Zum einen werden solche Neurochips dazu beitragen, dass wir die Vorgänge in unserem Gehirn besser verstehen, zum anderen eignen sie sich hervorragend für alle KI-Verfahren, die sehr schnell und energieeffizient in riesigen Datenmengen nach Mustern und Zusammenhängen suchen sollen. Weniger sinnvoll ist es möglicherweise, Neurochips in Roboter einzubauen: Dazu sind sie einfach zu schnell. Was nützt es, wenn ein künstliches Gehirn 10 000-fach flinker arbeitet als ein natürliches, aber zugleich Arme und Beine des Roboters gar nicht so schnell bewegt werden können?

Bis 2050 werden sowohl die »klassischen« Verfahren der neuronalen Netze wie auch die der neuartigen neuromorphen Computer ihre Leistungsfähigkeit um ein Vielfaches steigern können. Wie intelligent dann aber das Gesamtsystem wird, wird davon abhängen, ob es gelingt, die verschiedenen Module sinnvoll zu integrieren – in ein Ganzes, das über Wahrnehmung, Modellbildung und Gedächtnisleistung zu einem Verständnis der Welt kommt und daraus seine Entscheidungen und Aktionen ableitet.

33

Gibt es etwas, das Computer, Roboter und andere Systeme mit Künstlicher Intelligenz niemals erreichen werden? Man soll zwar nie »nie« sagen, aber zwei Hürden scheinen in der Tat praktisch unüberwindlich zu sein – zumindest für Maschinen, wie sie heute erdacht werden. Das eine ist der Unterschied zwischen der Biologie und elektronischen Schaltungen, das andere sind die Erfahrungen eines menschlichen Lebens.

Viele Wissenschaftler bezeichnen unser Gehirn mit seinen 86 Milliarden Nervenzellen, den Neuronen, und mehreren Hundert Billionen Verknüpfungen, den Synapsen, als »das komplexeste Objekt des bekannten Universums«. Das hat seinen Grund: Denn anders als ein klassischer Computer speichert es nicht digitale Werte, also Nullen und Einsen, sondern Hunderte von Millionen oder Milliarden von analogen Mustern: Bilder und Abläufe, Begriffe und Bedeutungen, Töne und Klänge, Gerüche, Gefühle, Bewertungen. Vergleicht man die Anzahl gespeicherter Muster und ihre gleichzeitige Verarbeitung, dann liegt die Leistungsfähigkeit eines Gehirns etwa in der Größenordnung heutiger Superrechner. Nur dass ein einziger dieser Superrechner so viel Energie verbraucht wie eine mittelgroße Stadt. Das menschliche Gehirn hingegen begnügt sich mit einem Millionstel davon: Gerade einmal 20 Watt – so viel wie eine kleine Lampe.

Außerdem funktioniert unser lernfähiges Denkorgan ohne Software, ohne zentrale Steuerung und ohne Betriebssystem, und es ist extrem fehlertolerant: Obwohl jeden Tag etwa

100 000 Neuronen verloren gehen, lassen seine kognitiven Fähigkeiten über Jahrzehnte hinweg kaum nach. Das Gehirn kann mit verlorenen Ressourcen ebenso gut umgehen wie mit unpräzisen Informationen. Und noch etwas unterscheidet biologische Systeme von elektronischen: Sie sind in der Lage, sich bis zu einem gewissen Grad selbst zu reparieren. Zellen wachsen neu, das Immunsystem bekämpft Eindringlinge, Abfall wird zerlegt und abtransportiert. Biologische Systeme wachsen, sie passen sich flexibel an neue Herausforderungen an – und sie vermehren sich, bekommen Kinder.

KI-Systeme können zwar besser als unser Gehirn enorme Datenmengen durchforsten, sie können schneller und präziser Muster in Bildern, Sprache und Texten lernen und erkennen. Sie können uns auf vielen Feldern helfen, können Wissenszusammenhänge herstellen und Informationsbausteine kombinieren, sind in gewissem Maße sogar kreativ, aber in den Punkten Energieverbrauch, Flexibilität, Fehlertoleranz und Reparaturfähigkeit sind sie von biologischen Systemen sehr weit entfernt.

Auch das fehlende Verständnis unserer Welt wird sich nicht einfach beheben lassen. Ein gutes Beispiel sind sogenannte Winograd-Sätze. Der Informatiker Terry Winograd hatte in den 1970er-Jahren viele Sätze entwickelt, die sich nur in einem Begriff unterscheiden und an denen sich zeigt, wie viel Hintergrundwissen nötig ist, um sie richtig zu interpretieren. »Die Behördenvertreter verboten den Demonstranten, sich zu versammeln, weil sie Gewalt befürchteten« beziehungsweise »Die Behördenvertreter verboten den Demonstranten, sich zu versammeln, weil sie Gewalt befürworteten« ist so ein Winograd-Satzpaar. Für einen Computer oder ein anderes der heutigen KI-Systeme ist es extrem kompliziert, herauszufinden, auf wen sich das »befürworten« beziehungsweise »befürchten« bezieht – ein Mensch erkennt das sofort.

Oder andere Beispiele: »Der Ball durchbrach den Tisch – er war aus Styropor« und »Der Ball durchbrach den Tisch – er war aus Stahl« sowie »Der Pokal passte nicht in den Rucksack, er war zu groß«. Worauf bezieht sich jeweils das »er«? Auch dafür braucht man einiges an Alltagserfahrung. Natürlich lässt sich manches in Datenbanken hinterlegen, aber oft wissen wir gar nicht, was wir alles wissen. Nehmen wir nur ein Foto von Leuten auf einer Party: Wir Menschen sind sehr gut darin, die Szene zu interpretieren und vielleicht sogar zu erkennen, wer wen verliebt anschaut – Computer können das nicht.

Was würde wohl ein KI-System auf diese Frage antworten: »Es sitzen 15 Vögel auf einer Stromleitung. Der Jäger erschießt einen. Wie viele bleiben sitzen?« Vermutlich »14«, denn die richtige Antwort erfordert einiges an Zusatzwissen: dass ein Schuss knallt und dass Vögel bei einem lauten Knall erschreckt auffliegen und sich anderswo einen ruhigeren Ort suchen. Das Interessante an Menschen ist, dass in diesem Fall auch jemand, der noch nie gesehen hat, wie ein Jäger auf Vögel schießt, durch Nachdenken und Intuition auf die richtige Lösung kommen kann. Doch woher soll eine Maschine diesen »gesunden Menschenverstand« haben?

Vieles von dem, was wir im Alltag nutzen, findet man nicht im Internet. Ebenso ergeht es Robotern, wenn sie Dinge suchen, die sie für ihre Aktionen brauchen – man denke nur an die Reibungskräfte beim Anheben von Teetassen. Die stehen auf keiner Webseite. Wenn Maschinen so etwas lernen wollen, müssen sie uns im Alltag begleiten, sozusagen mit uns aufwachsen, wie dies kleine Kinder tun. Und selbst dann wird ihnen vieles verborgen bleiben: Sie wissen nicht, wie es ist, zu essen und zu trinken, zu schlafen und zu träumen, zu wachsen und zu altern, sich zu verlieben und Kinder zu bekommen – ihre Maschinen-Gefühle werden immer andere sein als die durch Hormone verursachten Menschen-Gefühle.

Das ist auch der Grund, warum es für Maschinen so schwierig ist, den Turing-Test zu bestehen. Schon 1950 hatte sich der Mathematiker Alan Turing die Frage gestellt: »Können Maschinen denken?« Um sie zu beantworten, schlug er einen Test vor: Führt ein Mensch eine Unterhaltung mit einer Maschine, die er nicht sehen kann, und er ist sich danach unsicher, ob sein Gegenüber nicht doch ein Mensch ist, so hat die Maschine den Test bestanden. 40 Jahre später lobte der Soziologe Hugh Gene Loebner einen Preis für diejenige Software aus, die in einem 25 Minuten dauernden Wortwechsel den Turing-Test erfolgreich absolviert.

Doch bis heute musste das Preisgeld von 100 000 Dollar noch nie ausbezahlt werden. Zwar werden die Dialog-Programme immer besser, aber manchmal weichen sie ungeschickt aus, verwenden Textbausteine mehrfach oder wissen auf einfache Alltagsfragen keine sinnvolle Antwort. Die Liste der digitalen Bewerber, die immerhin eine »Bronzemedaille« erhielten, führt derzeit die Chatbot-Lady Mitsuku an. Inzwischen ist auch klar, worin das Problem besteht: Der Turing-Test findet nicht so sehr heraus, ob Maschinen denken, sondern er misst ihre Menschenähnlichkeit – und da werden sie noch lange nicht überzeugen können.

Letzten Endes muss sich jedes Wesen, das mit der Welt umzugehen hat, in ihr selbst entwickeln, mit einem Körper, Sinnesorganen und praktischer Intelligenz. Darin aber sind wir Menschen kaum zu schlagen, denn im Lauf von Millionen Jahren der Evolution hat sich unser Gehirn als so anpassungs- und lernfähig erwiesen, dass es auch mit ganz neuen Herausforderungen umgehen kann – sogar wenn es sie selbst entwickelt hat, wie die smarten Maschinen.

Literatur

Nick Bostrom: *Superintelligenz: Szenarien einer kommenden Revolution.* Suhrkamp 2014. Das Buch, das die Ängste vor superintelligenten Maschinen erst so richtig befeuert hat.

Ulrich Eberl: *Smarte Maschinen – wie Künstliche Intelligenz unser Leben verändert.* Hanser 2016. Anschauliche und präzise Darstellung der aktuellen Entwicklungen und Zukunftstrends auf allen Gebieten der KI, mit ihren Auswirkungen auf Wirtschaft und Gesellschaft sowie spannenden Einblicken in Labors und Unternehmen rund um den Globus.

Constanze Kurz und Frank Rieger: *Cyberwar – die Gefahr aus dem Netz. Wer uns bedroht und wie wir uns wehren können.* C. Bertelsmann 2018. Kenntnisreiche Darstellung, welche Gefahren durch militärische und kriminelle Angriffe mithilfe neuer Technologien drohen und wie man sich davor schützen kann.

Ray Kurzweil: *How to Create a Mind. The Secret of Human Thought Revealed.* Penguin Books 2012. Wie einer der einflussreichsten Futuristen denkt, dass man das menschliche Gehirn nachbauen, übertreffen und weiterentwickeln könnte.

Stuart Russell und Peter Norvig: *Künstliche Intelligenz. Ein moderner Ansatz.* Pearson 2012. Grundlagenbuch für Studenten der KI. Gibt auf über 1300 Seiten eine fundierte Einführung in Algorithmen für Logik und maschinelles Lernen, Wissensrepräsentation, Wahrnehmung und Entscheidungsfindung.

Max Tegmark: *Leben 3.0: Mensch sein im Zeitalter Künstlicher Intelligenz.* Ullstein 2017. Umfassende Analyse, wie man sicherstellen kann, dass die Menschheit von KI profitiert und nicht untergeht, selbst wenn die Maschinen intelligenter werden sollten als wir.

Bild der Wissenschaft, Themenheft: »Künstliche Intelligenz – die Revolution der Roboter«. Konradin Medien 2019. Bildstarke Berichte sowie Interviews mit Forschern und Ethikern über Historie, Erfolge, Einsatzfelder, Probleme und Grenzen der KI.

Interessante Videos:
iCub-Roboter: www.youtube.com/user/robotcub
Fake-Video von Barack Obama:
    www.youtube.com/watch?v=cQ54GDm1eLo
Roboter von Boston Dynamics:
    www.youtube.com/user/BostonDynamics
Ulrich Eberl: »Smarte Maschinen – Diener oder Dämonen?«
    (TEDx Talk): www.youtube.com/watch?v=Bm3YvDiHWBY